자연 이유식

글로북스

CONTENTS

PART 1
아기를 위한 순한 음식, 시작할 때

지혜로운 엄마를 위한 기초 상식

super foods for baby
우리 식생활에 맞는 이유식 재료 이야기

PART 2
요리연구가 배지현의 이유식 노트

이유식을 만드는 데 꼭 알아야 할 것

CONTENTS

초기 이유식 5~6개월

healthy tips

이유식 노트

한비 엄마 배지현의 이유식 노트

CONTENTS

중기 이유식 7~9개월

후기 이유식 10~12개월

CONTENTS

완료기 이유식 첫돌 이후

book in book 제철에 먹는 숨쉬는 이유식

PART 1

아기를 위한 순한 음식, 시작할 때

어느 날 모유나 분유만 먹던 아기가 눈에 보이는 것을 입에 넣어 빨려고 하고, 입을 오물거리고 침을 많이 흘리는 등 음식에 관심을 나타내기 시작하는 순간, 아기를 위한 음식을 만들어야 할 때가 왔다! 간을 하지 않고 무엇이든 곱게 갈아 먹이면 될 것 같았던 이유식, 그래도 내 아기의 품성과 건강, 식성을 결정한다는 이유식을 아무렇게나 만들어 먹이고 싶지는 않다. 영양학 박사 이미숙 선생님의 '우리 아기, 이제 이유식을 시작할 때인가요?'에 대한 답부터 시작해 내 아기를 최고로 건강하게 키워내는 이유식은 어떻게, 무엇으로 만드는지 세세한 강의를 들어보자. 상식적인 그러나 꼭 지켜야하는 이유식 만들기에 대한 기초적이고 완벽한 이유식 가이드, 이제 펼쳐보자.

Happyland

basic lesson for mom

지혜로운 엄마를 위한 이유식 기초 상식

"이유식 잘 챙겨 먹은 내 아이가 똑똑하고 탄탄하다!"

lesson 1* 이유식은 왜?

인간은 포유류(哺乳類). 처음 세상에 태어나서 먹을 수 있는 음식이라고는 오직 젖(사람 젖이건 소 젖이건 간에)뿐이다. 그러다가 서서히 젖을 떼고 다른 음식을 먹기 시작한다. 바로 이유(離乳)를 시작하는 것이다. 이유식(離乳食)이란 이처럼 유즙(젖)에서 성인의 식사로 이행하기 위한 과정이라고 할 수 있다.

필수 영양소의 공급

이유식의 첫 번째 의미는 성장, 발달에 필요한 필수 영양소의 공급이다. 신생아는 생후 몇 달간은 유즙만으로 충분히 필요한 영양소를 공급받을 수 있다. 그러나 점차 시간이 지남에 따라 가장 훌륭한 아기의 영양식 '모유' 조차도 아기에게 필요한 영양을 모두 공급할 수 없게 된다. 바로 유즙의 영양적 한계가 나타나는 것이다. 이때부터는 유즙 이외에 다른 음식을 통해서 영양소를 공급받아야 한다.

특히 유즙에는 비타민 C와 철분이 매우 부족하다. 다행히도 신생아는 출생 시 일정량의 비타민 C와 철분을 저장하고 태어나기 때문에 이 저장량이 고갈되기 이전까지는 유즙만으로도 충분히 살아갈 수 있다. 하지만 출생 후 몇 개월이 지나서 저장된 비타민 C와 철분이 바닥이 나게 되면 심각한 영양 결핍이 초래될 수도 있다.

또한 이유식의 계획은 영아 영양의 특성 위에서 수립되어야 한다. 즉 영아기는 단순히 성인의 축소판이 아니라 영아들만의 독립적인 영양 특성을 고려해야 한다. 영아기 영양의 가장 중요한 점은 성장과 발달이 왕성한 시기라는 것이다. 따라서 이 시기에는 성장 발달에 필수적인 최적의 영양 조건을 갖추어주어야 한다.

성인식을 먹기 위한 연습

이유식은 아기의 영양소 필요량을 충분히 만족시켜야 한다는 기본적인 목적 이외에도 어른의 식사를 조금씩 연습해간다는 중요한 의미를 갖고 있다. 기지도 못하는 아이가 어느 날 갑자기 일어나서 걷는 것이 불가능하듯이 태어나서 유즙만을 먹던 아이는 성인의 음식을 소화하고 흡수할 수 있을 만큼 소화기관의 기능이 발달되어 있지 않다. 따라서 서서히 성인의 음식에 적응할 수 있도록 단계별 연습이 필요한 것이다.

요즘엔 남보다 뛰어난 아이를 만들려는 극성 부모들의 과욕 때문인지 이유식을 빨리 시작하는 게 유행이다. 그러나 모든 일에는 때가 있는 법. 무조건 서두르는 것이 능사는 아니다. 영아들의 소화력을 고려할 때 평균적으로 가장 이상적인 이유 시기는 약 5개월 내외로 생각되고 있다. 그러나 이유의 개시 시기와 진행시기 등은 아이의 건강 상태, 이유식에 대한 적응력 등에 따라 조절이 필요하다. 너무 빨리 이유를 시작하면 아직 소화기능이 불완전한 아기의 위에 무리를 주게 되고 소화불량으로 배탈이 날 수도 있으므로 주의해야 한다. 뿐만 아니라 식품 알레르기가 일어날 가능성도 매우 높다. 반대로 엄마 젖이나 우유가 좋다는 생각에 돌이 다 지나도록 이유식을 시작하지 않으면 오히려 정상적인 성장을 하기가 어렵게 된다.

균형 잡힌 식생활의 밑거름

이유식은 유즙에서 성인식으로 옮겨가는 첫 걸음. 이 시기에 다양한 식품을 경험하지 못하면 자칫 편식으로 이어질 가능성이 매우 높다. 따라서 이유기에는 식품의 다양한 질감이나 냄새, 맛 등을 경험할 수 있도록 배려하는 것이 바람직하다. 정성이 가득한 다양한 이유식을 통해 우리 아이의 편식을 예방하고, 나아가 균형 잡힌 식생활의 밑거름이 될 수 있도록 하는 것 또한 이유식의 중요한 의미 중 하나이다.

lesson 2 * 이유식 제대로 만들기, 그 핵심 포인트

자기 아이에게 일부러 독이 들어 있는 음식을 먹이려는 엄마는 없을 것이다. 그러나 식품 안전에 대한 올바른 지식이 없으면 '모르고' 독을 먹이게 될 수도 있다. 어른의 기준에서 식품을 고르는 경우 자칫 아이에게는 독이 될 수도 있다.

step 1 안전 제일 – 위생이 제일이다

어린이의 간기능은 아직 미성숙 단계에 있기 때문에 극미량의 독성물질이라도 건강을 위협할 수 있다. 따라서 이유식 재료로 사용될 식재료를 선택할 때는 안전에 더욱 신경을 써야 한다. 가장 좋은 것은 믿을 수 있는 유기농 제품이다. 가격이 비싸다는 단점이 있지만 아이의 건강을 생각한다면 농약의 위험에서 벗어날 수 있는 유기농 제품을 구입하는 것이 바람직하다.

구입한 식품의 보관, 처리에도 세심한 주의가 필요하다. 야채나 과일을 씻을 때 전용 세제를 사용하고 반드시 흐르는 물에 여러 번 헹궈 혹시라도 오염물질이 있다면 확실하게 씻어내야 한다.

이유식의 특성상 한 번에 소량의 재료만 사용하게 되는데, 남은 식품을 안전하게 보관하는 것도 중요하다. 아기가 먹다 남은 이유식은 반드시 폐기처분하고, 남은 식품은 냉동이나 냉장 보관하여 미생물의 번식이나 산패를 막아줘야 한다.

조리 시 손을 철저하게 씻고 조리 기구를 소독하는 것도 잊어서는 안된다. 특히 손은 가장 더러운 신체 부위 중 하나라고 할 정도로 다양한 세균들이 발견된다. 조리자의 손을 위생적으로 관리하는 것은 물론이고, 아이가 손으로 이유식을 집어 먹는 경우 이유식을 먹이기 전에 반드시 아이의 손을 세제로 깨끗하게 씻어주어야 한다.

step 2 다양하게 그러나 단순하게

이유식을 시작하려는 엄마는 마음이 급하다. 이것도 먹여보고 싶고, 저것도 먹여보고 싶고…. 아이에게 많은 것을 먹이려는 엄마들의 욕심은 아이들의 이유식을 온통 종합선물세트로 만들기 쉽다. 20가지 곡류와 견과류를 섞어 만들었다고 선전하는 선식이 대표적인 예.

그러나 아직 젖 이외의 음식에 대한 적응력이 완전치 않은 아이에게 여러 가지 식품을 섞어서 주는 것은 바람직하지 않다. 새로운 '맛'에 적응해가야 하는 시기에 다양한 맛과 질감을 경험할 수 없기 때문이다. 또한 알레르기가 나타난 경우 원인 식품을 찾는 것도 매우 어렵다.

이유식의 원칙은 하루에 한 가지씩 새로운 재료를 시도하는 것이다. 죽을 먹일 때도 이것저것 섞어 늘 비슷한 맛의 죽을 만들기보다는 재료 고유의 맛을 살릴 수 있도록 하는 것이 좋다.

step 3 간은 가급적 싱겁게

이유식을 처음 만드는 엄마들이 하기 쉬운 실수 중 하나는 어른의 입맛에 맞추는 것. 어른은 어린이보다 오히려 미각이 둔하다. 때문에 어른의 입맛에 맞춰 간을 하면 아이에게는 너무 짠 음식이 된다. 또한 어려서부터 짠맛에 익숙해지면, 점점 더 강한 짠맛을 원하게 된다. 아이가 고혈압이 되길 바라지 않는다면 이유식 만들 때 소금통은 멀리하자. 대부분의 식품들은 자체의 염분만으로도 충분하기 때문에 추가적으로 간을 하지 않는 것이 좋다.

영양을 생각해서 멸치 국물이나 다시다 국물 등을 이유식에 사용하는 경우도 많은데, 이런 재료들은 염분 함량이 높고 맛이 너무 강하기 때문에 이유식 초기에는 사용하지 않는 것이 바람직하다.

step 4 어른의 음식과는 분명하게 구분

이유식을 시작하고 아이가 이것저것 먹기 시작하면 간혹 어른의 음식을 조금씩 주는 경우가 있다. 때로는 아이가 음식에 대해 관심을 보이기 때문에 재미 삼아 주기도 하고, 또 때로는 이유식을 따로 만들기가 번거로워 어른이 먹는 국에 밥을 말아서 주기도 한다. 그러나 이유식은 성인의 음식을 양만 적게 줄이면 되는 것이 아니다. 어른의 음식에는 조미료가 들어간 경우도 있고, 여러 가지 향신료를 사용하기도 한다. 또 어른의 음식을 만들 때는 조리 기구를 일일이 소독하지도 않는다. 한마디로 어른의 음식은 어린이의 음식이 아닌 것이다.

번거로움이 있겠지만 가급적 어린이의 이유식에 사용하는 모든 재료는 어른의 음식과 구분하는 것이 바람직하다.

step 5 숟가락으로 먹일 수 있는 고형식으로

이유식은 액체 형태의 음식만을 먹던 아이가 고형의 음식을 먹는 연습을 하는 과정이다. 이것은 치아의 발달에도 중요한 영향을 미친다. 따라서 부드러운 질감에서 점차적으로 단단한 질감에 적응할 수 있도록 철저한 계획이 필요하다.

전문가들이 끊임없이 문제를 제기함에도 불구하고 액체 형태의 이유식을 우유병에 넣어 주는 경우를 흔히 본다. 물론 익숙한 것에 끌리는 것은 아이나 어른이나 마찬가지. 하지만 언제까지나 우유병을 사용할 수는 없다. 반드시 숟가락을 사용하여 떠 먹일 수 있는 고형식을 연습시켜야 한다.
고형식의 단단한 정도는 아이가 적응하는 정도를 봐가며 조정해야 한다. 아직 이가 없는 경우 잇몸으로 으깨어 먹을 수 있는 질감이 적당하다. 이가 조금씩 나왔다고 할지라도 아직까지 아이들은 씹는 능력이 떨어진다. 자칫 잘못하면 기도에 걸려 숨을 못 쉬게 되는 최악의 상황까지 갈 수도 있기 때문에 엄마의 지나친 욕심에 너무 단단한 질감의 음식을 주는 것은 위험하다.

step 6 때로는 아이도 다이어트가 필요하다

아이가 무엇이든 잘 먹고 통통하게 살이 오르면 대부분의 부모들은 뿌듯하게 생각하기 쉽다. 그러나 아이가 지나치게 통통한 경우 혹시 유아 비만은 아닌지 의심을 해봐야 한다. 유아의 비만은 거의 대부분 성인의 비만으로 이어지기 때문에 발생 초기에 세심한 주의가 필요하다. 유아 비만의 원인 중 하나는 지나치게 농축된 고열량의 이유식을 많이 먹는 것이다. 특히 시판 이유식은 열량이 매우 높기 때문에 지나친 섭취는 문제가 된다. 물론 아이는 성장을 위해 많은 열량이 필요하다. 그러나 필요량 이상으로 과잉 섭취된 열량은 비만의 원인이 될 뿐이다. 아이에게 다이어트가 필요하다고 판단될 때에는 열량이 적은 재료를 사용하여 희석하는 방법을 사용해야 한다. 죽을 만들 때에는 고기 국물 대신 야채 국물을 사용하거나 쌀의 분량을 줄이는 것이 효과적이다. 언제나 영양 만점의 이유식이 최선은 아니다. 엄마의 현명한 판단과 실행 의지가 아이의 평생 건강을 좌우한다.

lesson 3 *이유식 시기별 영양 포인트

step 1 초기(생후 5~6개월)

"비타민 C의 공급이 중요해요!"

처음 이유식을 시작하는 아이에게 가장 필요한 영양소는 비타민 C이다. 모유나 우유에는 모두 비타민 C가 절대적으로 부족하기 때문에 이 시기가 되면 태어날 때 몸에 저장되어 있던 영양소가 바닥난 상태. 따라서 이유식을 통해 보충을 해줄 필요가 있다.

비타민 C를 공급하기에 가장 좋은 음식은 과즙이나 야채즙이다. 특히 과즙은 달콤한 맛 때문에 아이들이 쉽게 받아들인다. 과즙이나 야채즙을 이유식으로 사용할 때 주의할 점은 어른이 먹는 주스의 농도로 해서는 안된다는 것이다. 처음부터 너무 진한 단맛에 익숙해지면 우유를 거부하기도 하므로 묽게 만들어 주어야 한다. 또 액체 음식이라고 할지라도 우유병에 넣어서 주지 말고 숟가락으로 떠먹이는 것이 좋다.

곡류 음식에 길들여지기 위해서는 미음을 이용한다. 곡류에 풍부한 탄수화물은 열량 영양소 중에서 가장 소화, 흡수율이 높은 영양소로 성인의 경우 하루에 필요한 열량의 65%를 탄수화물로 공급하는 것이 바람직하다. 그러나 이 시기의 아이에게 있어서 이유식은 단지 새로운 맛과 질감에 대한 연습을 하는 의미가 더 강할 뿐 열량을 보충하는 의미는 거의 없다. 따라서 무리해서 열량을 높이려고 하기보다는 서서히 미음의 농도를 높여가는 것이 좋다.

미음에 첨가하는 재료는 맛이 강하지 않은 것으로 한 가지씩만 추가하면서 아이의 수용 여부를 면밀히 관찰해야 한다. 또한 과잉의 나트륨 섭취를 예방하기 위해서 간을 약하게 하거나 아예 하지 않도록 한다. 동물성 식품의 사용은 알레르기를 유발할 가능성이 높으므로 아이의 상태에 따라 추가 여부를 결정해야 한다.

step 2 중기(생후 7~ 9개월)

"철분 보충이 필요해요!"

이유식 중기에는 철분의 보충에 특별히 유의해야 한다. 영아들은 출생 시 5~6개월분의 철분을 간에 저장한 상태로 태어난다. 때문에 우유나 모유에 철분이 거의 들어있지 않아도 몇 개월간 견뎌낼 수가 있다. 그러나 이 시기가 되면 철분이 고갈되어 이유식을 통해서 철분을 공급하지 않으면 영아 빈혈이 나타나게 될 위험성이 매우 높다.

모든 일엔 알맞은 시기가 있는 법. 세상에 하나뿐인 사랑스런 아이라 해도, 아무리 몸에 이로운 음식이라 해도 무조건 먹이는 건 득보다 실이 많다. 아이 성장에 맞춰 적당한 음식을 먹이는 것 또한 지혜로운 엄마가 반드시 알아야 할 기초 상식이다.

철분을 공급하기 위해서는 고기나 달걀, 생선 등을 사용할 수 있다. 고기나 생선을 다져서 죽을 끓이거나 달걀 등을 이용하여 잇몸으로 쉽게 으깰 수 있을 정도 질감의 반고형식으로 조리한다. 등푸른 생선은 오메가-3지방인 DHA가 들어 있어 두뇌발달에 도움이 되기는 하지만 소화력이 덜 발달된 어린아이들의 경우에는 알레르기가 일어날 가능성이 높은 편이다. 따라서 이 시기에 생선은 흰살 생선으로 시작하는 것이 안전하다. 시금치 등의 식물성 식품에도 철분이 들어 있지만 식물성 식품에 들어 있는 철분은 흡수율이 매우 낮기 때문에 동물성 철분을 이용하는 것이 훨씬 효과적이다.

성장을 위해 요구량이 높은 단백질은 연두부나 요구르트 등을 이용하여 보충할 수도 있다. 연두부나 떠먹는 요구르트는 소화되기 쉽고, 아미노산 조성이 우수한 양질의 단백질이 많을 뿐 아니라 숟가락을 이용하는 연습을 할 수 있기 때문에 이유식으로 안성맞춤이다.

이 시기에는 열량을 높이기 위해서 소량씩 기름을 사용해도 좋다. 그러나 지방 소화기능이 덜 발달된 경우에는 설사가 나타날 수 있으므로 변의 상태를 보아가며 사용량을 조절한다.

step 3 후기(생후 10~12개월)

"단백질과 칼슘을 섭취해주세요!"

이유 후기가 되면 이유식의 횟수와 양을 점차로 늘리고, 반대로 우유나 모유의 섭취량을 줄여서 이유식이 전체 영양의 반 이상을 공급할 수 있도록 해야 한다.

이 시기의 영양적 문제는 자칫 단백질이 부족하기 쉽다는 것이다. 우유나 모유에는 단백질이 매우 풍부하게 들어 있는데 반하여 흔히 이유식으로 사용하는 죽 등 곡류 중심의 음식에는 단백질이 부족하기 때문이다.

식량 사정이 좋지 않은 저개발 국가의 어린이들이 이유기에 배만 볼록 튀어나온 것을 볼 수 있는데 이것이 바로 단백질 결핍으로 나타나는 증세이다. 물론 곡류는 탄수화물이 풍부하고 소화가 잘되는 장점이 있기 때문에 이유식으로 이용하기에 적합하지만 단백질은 절대적으로 부족하기 때문에 다양한 동물성 단백질 식품을 함께 이용하여 부족한 단백질을 보충해야만 한다.

충분한 칼슘의 공급에도 유의해야 한다. 하루가 다르게 성장하는 영아기에는 칼슘의 공급이 매우 중요하다. 다행히도 우유나 모유에는 칼슘이 풍부하기 때문에 이유 전에는 별문제가 되지 않지만, 유즙의 섭취가 줄어드는 이유 후기에는 칼슘의 공급에 특별히 유의하지 않으면 심한 경우 칼슘 부족으로 성장이 지연될 수도 있다.
칼슘의 공급원으로는 치즈나 요구르트 등 유제품을 이용하는 것이 좋다. 멸치 등 뼈째 먹는 생선에도 칼슘이 매우 풍부하다. 칼슘의 흡수율을 더욱 높이기 위해서는 멸치를 갈아 사용하는 것이 효과적이다. 또한 미역이나 다시마 등 해조류에도 칼슘이 많이 들어 있으므로 다양한 식품을 이용하여 칼슘을 보충할 수 있다.

step 4 이유 완료기 (생후 12개월 이후)

"균형적인 식단을 짜주세요!"

이유 완료기는 완전히 어린이 음식으로의 적응이 끝나가는 시기이다. 즉, 식사가 영양의 대부분을 공급하고 우유는 간식의 의미 정도로 줄어들게 된다. 따라서 어느 한두 가지 영양의 보충을 고려할 것이 아니라 전체적으로 균형이 맞는 식단을 작성해야 한다.
그러나 영양 균형을 맞추기 위해서 지나치게 여러 가지 식품을 섞어 한꺼번에 조리하는 것은 바람직하지 못하다. 각각의 식품이 갖는 고유의 맛과 질감을 느끼도록 하기 위해서는 한 그릇에 모든 영양을 담으려 하지 말고 한 끼에 2~3가지의 반찬을 준비해서 골고루 먹이는 것이 더 바람직하다.

이 시기의 어린이는 소화력의 발달도 어느 정도 완성이 된 상태이기 때문에 아주 단단하지 않은 정도의 음식은 모두 먹을 수 있다. 그러나 어른처럼 세 끼의 식사만으로는 성장에 필요한 열량을 모두 공급하기 어렵다. 어린이는 위가 작기 때문에 한꺼번에 먹을 수 있는 양이 한정되어 있기 때문이다. 뿐만 아니라 한꺼번에 지나치게 많은 양의 식사를 하게 되면 소화에 무리를 줄 수도 있기 때문에 하루에 4~5회 정도로 나누어 먹이는 것이 적당하다.
특별히 알레르기만 없다면 이제 대부분의 고기나 생선, 어패류를 모두 다양하게 먹일 수 있다. 단, 자극적이지 않고 소화되기 쉬운 형태로 조리하는 것에 유의해야 한다. 야채 역시 다양하게 사용할 수 있으나 익히지 않은 경우에는 단단한 조각이 목에 걸릴 수 있기 때문에 아직은 부드럽게 익혀서 먹이는 것이 안전하다.

super foods for baby

우리 식생활에 맞는 이유식 재료 이야기

"영양 밸런스를 맞춰주세요!"

아이 성장에 필요한 많은 영양소들을 균형 있게 먹이려면 엄마의 정성과 지혜가 필요합니다. 우리 아이가 잘 먹는 식품에는 어떤 영양소가 들어 있는지, 또 성장에 어떤 도움을 주는지 등 잔병치레 없는 튼튼한 아이로 키우기 위해 꼭 먹여야 하는 아주 힘이 센 슈퍼푸드 이야기.

* 소화력을 고려해야 하는 이유기에는 탄수화물이 풍부한 식품

탄수화물은 소화가 가장 잘되는 열량 영양소이다. 곡류와 감자류에는 전분의 형태로 탄수화물이 들어 있고, 과일류에는 당류의 형태로 탄수화물이 들어 있다.
이유기 탄수화물 섭취에서의 주의점은 소화력을 고려해야 한다는 것이다. 단단한 껍질이 있는 곡류는 장 내에서 발효하여 가스를 형성하고, 지나치게 장을 자극하므로 이유 초기에는 도정된 곡류를 이용하는 것이 안전하다. 현미나 잡곡은 이유 중반 이후에 첨가하는 것이 바람직하다.

super food 1 흰쌀

이유식을 처음 시작하는 유아는 소화력이 매우 약하기 때문에 단단한 껍질을 모두 벗긴 흰쌀을 이용해서 미음부터 만들어 주는 것이 좋다. 처음에는 쌀을 갈아서 미음을 만들지만 조금씩 쌀알을 으깨어 먹을 수 있도록 부드러운 죽으로 바꿔 주는 것이 바람직하다.

super food 2 현미쌀

아이가 이유식에 적응을 잘하고 소화력이 발달된 경우에는 현미쌀을 섞어서 사용하는 것이 바람직하다. 현미쌀에는 비타민 B_1, B_2 등 각종 비타민이 풍부하고 다양한 무기질도 들어 있기 때문에 성장에 도움이 된다. 현미는 흰쌀보다 더 오래 익혀야 한다.

super food 3 감자

감자는 탄수화물이 주성분이기 때문에, 성분으로만 보았을 때 야채보다는 곡류에 더 가깝다. 감자는 탄수화물이 매우 소화되기 쉬운 형태인 녹말로 들어 있기 때문에 이유식으로 사용하기에 적합하다. 또한 감자에 들어 있는 비타민 C는 열을 가해도 잘 파괴되지 않는다. 삶은 후 으깨어 우유나 주스에 섞으면 숟가락으로 떠먹는 연습을 하기에도 적당하다.

super food 4 고구마

고구마는 탄수화물이 풍부할 뿐 아니라 식이섬유소가 매우 많이 들어 있다. 식이

섬유소는 배변을 원활하게 도와주는 역할을 하기 때문에 변비가 있는 경우에 고구마를 사용하면 효과적이다. 그리고 고구마에는 비타민 A인 베타카로틴이 풍부한데, 이는 세포를 생기 있고 활성적으로 만들어준다. 또한 고구마는 항산화작용이 뛰어나 활성산소로부터 세포의 DNA를 보호해 암을 예방해준다.

super food 5 밤

견과류 중에서 비교적 지방의 함량이 낮고 탄수화물 함량이 풍부한 특징을 갖고 있다. 따라서 이유 초기부터 사용해도 소화에 부담이 없다. 각종 비타민과 무기질이 골고루 들어있어 이유식 재료로 사용하기에 안성맞춤이다. 또한 밤에 든 당분은 소화가 매우 잘되며, 밤의 씨눈 부분에는 비타민 B1이 풍부하게 들어있다.

* 성장이 활발한 이유기에는 단백질이 풍부한 식품

단백질은 성장에 필수적인 성분으로 활발하게 성장하는 이유기에 반드시 충분히 공급되어야 한다. 특히 이유기에 유즙의 섭취가 줄어들고 곡류 위주의 이유식만 하는 경우 단백질 결핍이 나타나기 쉬우므로 소화되기 쉽고 아미노산 조성이 우수한 양질의 단백질 식품을 적절히 공급해야만 한다.

super food 6 두부

단백질이 풍부한 콩. 하지만 콩은 그 조직이 너무 단단하여 콩을 있는 그대로 먹었을 때 단백질의 효과를 보기는 어렵다. 반면 콩의 단백질을 모아 응고시킨 두부는 영양소의 소화, 흡수율이 95% 정도로 매우 높아 이유식이나 환자식으로 활용하기에 적합하다. 특히 시판되는 두부의 다양한 질감은 이유기 영아들의 미각 발달에도 큰 도움이 된다.

super food 7 달걀

달걀은 단백질의 질을 평가할 때 기준으로 사용될 정도로 대표적인 우수 단백질 식품이다. 달걀노른자에 들어 있는 콜레스테롤은 성인에게는 문제를 일으킬 수도 있지만 성장기에는 반드시 필요한 성분이기 때문에 전혀 염려할 필요가 없다. 또한 달걀은 포화지방의 함량도 매우 낮고 건강에 도움이 되는 많은 다른 영양소, 즉 단백질 · 엽산 · 일부 다중불포화지방산 · 비타민 B 복합체가 고루 들어 있다.

super food 8 흰살 생선

대구나 명태, 숭어, 도미, 가자미, 메기 등 민물과 바다 구분 없이 흰살 생선은 지방이 거의 없고 칼로리가 매우 적으며 어린아이들에게 필요한 단백질이 풍부하다. 또한 흰살 생선은 알레르기를 유발할 가능성이 비교적 낮고, 결체조직이 적어 소화 · 흡수율이 높은 것도 장점이다. 6개월 무렵부터 아기에게 먹이면 되고, 가시가 없는지 꼭 확인하자.

super food 9 닭고기

닭고기는 다른 육류에 비하여 근섬유가 짧고 결체조직이 적기 때문에 소화가 잘되는 특징이 있다. 닭고기의 껍질은 지방이 많아 성인에게는 주의가 필요하지만 영아들은 성장을 위하여 많은 에너지가 필요하므로 이유식으로 이용할 때는 껍질을 벗기지 않아도 무방하다. 닭고기는 해동을 확실히 한 후에 요리하고, 고기가 하얗게 되어 즙에 핏자국이 없을 때까지 완벽히 익혀야 한다.

super food 10 쇠고기

쇠고기는 우수한 단백질 식품이지만 약간은 질긴 조직감을 갖고 있다. 따라서 이유식에 사용할 때에는 잘게 다져서 소화되기 쉽도록 해야 한다. 또 국물을 우려낼 때 쇠고기를 푹 끓여서 사용하는 것도 좋은 방법이다. 또한 요리 전, 눈에 보이는 지방을 제거하는 것만으로도 요리 전체의 칼로리를 많이 줄일 수 있다.

*열량 공급이 충분해야 하는 이유기에는 지질이 풍부한 식품

이유기 어린이의 성장에 필요한 열량을 충분히 공급하기 위해서는 농축된 열량원인 지질을 적당히 이용할 필요가 있다. 그러나 지나치게 기름진 음식은 아직 지질 소화 능력이 완전히 발달하지 않은 어린이에게는 무리가 될 수 있으므로 소량의 기름만을 이용함이 바람직하다.

지방산 종류별로는 포화지방이 많은 육류 기름이나 트랜스 지방이 많은 마가린 보다는 불포화지방산이 풍부한 식물성 기름이 좋다.

super food 11 **참기름**

불포화지방산으로 비만의 염려가 전혀 없고, 몸속의 콜레스테롤을 낮춰주는 참기름. 참기름은 필수지방산의 함량이 높을 뿐 아니라 참기름의 기능성 성분인 세서미놀은 항암 효과가 있다. 그러나 참기름은 향이 매우 강하기 때문에 소량씩만 사용해 식욕을 증진시키도록 한다.

super food 12 **들기름**

들깨에는 40~45%의 기름이 들어 있는데, 기름을 구성하는 지방산의 49%는 리놀렌산, 11%는 올레산으로 구성되어 있다. 이 지방산들은 고도의 불포화산으로 필수지방산을 많이 함유하고 있다. 또한 들기름에는 다른 식물성 기름에서 찾아보기 힘든 오메가-3 지방산이 들어 있다. 따라서 들기름은 아이들의 두뇌 발달을 도와줄 수 있다.

super food 13 **올리브 기름**

웰빙 기름으로 떠오른 올리브 기름은 정제하지 않은 엑스트라버진과 정제된 퓨어로 나뉜다. 가열하지 않는 요리에는 엑스트라버진을 사용하고, 가열 요리에는 퓨어 오일을 사용하는 것이 적합하다. 특히 토마토나 당근과 같은 녹황색 채소는 올리브 오일에 한 번 살짝 볶으면 베타카로틴의 소화 흡수율이 더 높아진다.

super food 14 **포도씨 기름**

포도씨 기름은 지방산 조성도 우수하지만 항산화 효과가 뛰어나다. 이것은 토코페롤이 다른 추출물보다 60~70배 정도 더 많이 들어 있기 때문이다. 또한 토코페롤보다 항산화력이 약 16.5배 높은 카테친류가 들어 있어 콜레스테롤 수치를 낮추어주며, 고혈압 · 동맥경화에 효과가 있다. 그리고 이 카테친 성분은 해독, 살균 효과도 있다. 특히 독특한 향이 거의 없기 때문에 향이 강한 기름을 싫어하는 경우에 사용하면 효과적이다.

super food 15 **각종 견과류**

잣이나 호두 등의 각종 견과류에는 필수지방산이 풍부하게 들어 있다. 그러나 조직감이 단단해서 소화가 쉽지 않다는 단점이 있다. 따라서 이유식으로 사용할 때는 블렌더에 갈아서 조금씩 섞는 것이 좋다. 또 불에 살짝 구우면 고소한 맛이 더 좋아진다. 열 · 습기 · 직사광선에 쉽게 변질되는 견과류는 원래 달콤하고 고소한 맛이 나는데, 톡 쏘거나 쓴맛이 나면 상한 것이니 아이에게 절대 먹이지 말자.

*성장 속도가 최고인 이유기에는 칼슘이 풍부한 식품

super food 16 치즈

우유의 영양을 농축시킨 치즈는 가장 우수한 칼슘 공급원이다. 게다가 단백질은 쇠고기의 약 1.5배가 들어 있다. 치즈 단백질의 대부분은 질 좋은 카제인으로 이루어져 있고, 칼슘 · 인 · 황 등의 무기질과 비타민 A, 비타민 B_2도 많아 특히 어린이들의 성장에 큰 도움이 된다. 조직감 또한 부드럽기 때문에 이가 없는 영아에게도 충분히 먹일 수 있다. 짭짤한 어른용 치즈보다는 짠맛이 강하지 않은 어린이용 치즈를 고르는 것이 좋다.

super food 17 요구르트

우유를 발효시킨 요구르트는 칼슘의 우수한 공급원일 뿐 아니라 유산균이 풍부하여 정장 작용에도 큰 도움이 된다. 그리고 요구르트는 탈지우유 고형분으로 만들어 유단백질이 2배나 들어 있는 소화가 잘되는 훌륭한 단백질 공급원이다. 요구르트는 장 안팎에서 여러 가지 면역체계를 자극 · 강화시킨다. 시판되는 요구르트를 고를 때에는 반드시 원유 함량을 확인한 후 선택하고, 인공색소가 들어 있지 않은 것, 달지 않은 것, 저지방 혹은 탈지 요구르트를 선택하자.

super food 18 멸치

뼈째 먹는 생선인 멸치는 칼슘의 함량이 매우 높다. 그러나 국물을 우려낼 때 멸치를 통째로 사용하면 칼슘이 거의 우러나지 않는다. 따라서 멸치를 이유식에 사용할 때에는 갈아서 쓰는 것이 칼슘 흡수율을 높이는 방법이 된다. 또한 멸치의 생선 기름에는 뇌세포를 활성화시키고 중추신경계를 구성하는 중요한 지방산이 들어 있다. DHA가 함유되어 있어 두뇌 형성과 지능 발달에도 매우 좋다. 머리가 좋은 아이를 낳기 위해서는 임신부나 수유부들도 멸치를 많이 먹는 것이 좋다.

super food 19 미역

미역을 비롯한 해조류에는 칼슘이 매우 풍부하다. 특히 미역은 다시마보다 질감이 부드럽기 때문에 이유식으로 사용하기에 적합하다. 또한 미역의 식이섬유소는 변을 부드럽게 만들어주기 때문에 단단한 변을 보는 아이에게 미역국을 먹이면 배변이 원활해진다. 또한 미역 구성의 35%를 차지하는 다양한 미네랄은 뼈와 이의 견고한 조직을 만드는 데 유용하게 쓰이며, 체내의 산과 알칼리의 밸런스를 맞추어 사람의 몸을 가장 이상적인 pH 7.4의 약알칼리 상태로 만들어준다.

super food 20 김

김은 일반 해조류에 비해 단백질 함량이 높고, 식이섬유 함유량도 높은 건강식품이다. 또한 칼슘의 함량이 높고, 소화도 잘되기 때문에 이유식 재료로 적합하다. 그러나 흔히 사용하는 시판 구이 김은 조미가 되어 있어 짠맛이 너무 강하다. 이유식으로 김을 사용하기 위해서는 조미하지 않고 살짝 굽는 것이 바람직하다. 김은 12월에서 3월까지 채취하여 말린 것이 가장 맛있다.

* 혈액 합성이 활발한 이유기에는 철분이 풍부한 식품

빠르게 성장하는 이유기에는 혈액의 합성 또한 활발하게 일어난다. 따라서 적혈구의 구성 성분인 철분을 충분히 공급해야 한다. 특히 우유에는 철분이 매우 부족하므로 우유만 편식하지 말고 철분이 풍부한 식품을 골고루 섭취할 수 있도록 배려해야 한다.

super food 21 굴

굴은 철분 함량이 매우 높을 뿐 아니라 성장에 필수적인 아연이 많이 들어 있어 이유기 영양 보충에 도움이 된다. 또 굴은 다른 패류에 비해 조직이 부드럽고 글리코겐 · 타우린 · 아미노산을 포함하는 단백질 및 기타 영양분의 소화 흡수가 높아 이유식으로 적합하다. 그러나 향이 강하기 때문에 처음에는 국물부터 시작하여 조금씩 적응을 시키는 것이 좋다. 또한 부패의 위험성이 높은 여름철에는 사용하지 않아야 한다.

super food 22 조개류

모든 조개류는 철분이 매우 풍부하다. 특히 꼬막이나 대합에는 많은 양의 철분이 들어 있다. 그리고 바지락조개를 우려낸 국물은 소화 작용 및 간장 기능을 도와주고, 황달에도 좋다. 그리고 어린이의 성장에 도움이 되는 아연의 함량도 풍부하다. 다만 이유기 영아가 조개를 그대로 먹기에는 질감이 너무 질기기 때문에 조개를 잘게 다져서 죽에 넣으면 소화도 잘 되고 철분 흡수율도 높일 수 있다.

super food 23 쇠고기

쇠고기의 철분은 흡수율이 매우 높고, 혈액을 만들기 위해 필요한 단백질과 각종 비타민 또한 골고루 들어 있기 때문에 영아 빈혈 예방에 큰 도움이 된다. 그리고 아이들은 잘 먹으려고 하지 않지만, 소 내장에는 다량의 철분이 함유되어 있다. 특히 소 간에는 쉽게 흡수되는 철분과 비타민 A, 비타민 B_{12}가 풍부하므로 아이들에게 더 없이 좋은 영양식이 된다.

super food 24 돼지고기

일반적으로 돼지고기는 지방이 너무 많다고 생각되지만 실제로 돼지고기의 지방은 부위별로 많은 차이가 나기 때문에 올바른 부위를 선택하기만 한다면 이유식으로 사용하기에 무리가 없다. 기름이 없는 살코기 부위는 철분의 우수한 공급원으로 활용할 수 있다. 쇠고기와 마찬가지로 돼지고기의 내장, 특히 간에는 쉽게 흡수되는 철분과 비타민 성분이 있다.

super food 25 달걀노른자

달걀을 지나치게 오래 삶으면 달걀노른자 주변에 푸른 변색이 일어난다. 달걀노른자의 철분이 흰자의 황과 반응하여 생긴 황화철 때문이다. 즉 달걀노른자에는 철분이 매우 많이 들어 있다. 철분의 흡수율을 높이려면 황화철이 생기지 않도록 적당히 익히는 것이 바람직하다. 그러나 가열하지 않은 생달걀에는 소화를 방해하거나 알레르기를 일으키는 물질이 있으니, 완전히 익힌 것을 먹이도록 한다.

*시각 기능이 발달하는 이유기에는 비타민 A가 풍부한 식품

비타민 A는 시각 기능을 발달시키고, 세포의 분화를 촉진한다. 또한 결핍 시 성장 지연이 나타나기도 하므로 이유기에 부족함이 없도록 유의해야 한다. 비타민 A는 동물성 식품에 들어 있는 레티놀과 식물성 식품에 들어 있는 카로티노이드가 있다.

super food 26 단호박

단호박의 짙은 노란색 속살은 비타민 A가 매우 풍부하다. 특히 질감이 부드러워 호박죽으로 만들거나 삶은 후 그대로 조금씩 숟가락으로 떠먹여도 훌륭한 이유식이 된다. 호박은 껍질이 단단하고 꼭지가 떨어지지 않은 것으로 고르자. 껍질이 떨어진 것은 속으로 박테리아가 들어갈 가능성이 있다. 그리고 막 수확한 것을 요리하기보다는 며칠 동안 저장해두었다 먹으면 맛도 달고 향도 진해진다.

super food 27 당근

당근은 단맛이 나고, 영양이 풍부해 아이들의 첫 이유식에 넣기에 아주 좋은 식품이다. 당근은 비타민 A 함량이 매우 높지만 이유식으로 사용하기에는 단단한 질감이 문제가 된다. 부드럽게 충분히 익혀서 으깨어 먹이거나 갈아서 주스로 만들면 효과적으로 먹일 수 있다. 그리고 당근의 주요 영양소인 베타카로틴은 지용성이므로 기름과 함께 가열하여 조리해 먹었을 때 신체에 더욱 흡수가 잘된다.

super food 28 달걀노른자

달걀노른자에는 레티놀의 형태로 비타민 A가 많이 들어 있다. 식물성 식품에 들어 있는 베타카로틴은 비타민 A로 사용되기 위해서 활성화과정을 거쳐야 되는데, 이와 달리 레티놀은 우리 몸에서 바로 비타민 A의 작용을 나타내기 때문에 매우 효과적인 비타민 A 공급원이라고 할 수 있다.

super food 29 귤

귤을 비롯한 감귤류는 모두 비타민 A 함량이 높다. 또 귤은 저온에서 장기간 보존하는 동안에도 영양소의 파괴가 거의 없다. 질긴 속껍질을 벗기면 조직감이 부드럽기 때문에 잇몸을 이용하여 으깨 먹는 연습에도 적당하다. 귤은 지나치게 신맛이 강하지 않은 것을 고르도록 한다. 귤껍질에는 귤의 과육보다 영양소가 4배가량 더 풍부한데, 껍질을 마멀레이드 잼으로 만들어 먹일 수 있다.

super food 30 토마토

비타민 A는 아이들이 성장하는 데 많은 도움을 주고, 피를 맑게 한다. 토마토는 비타민 A 함량이 높지만 조직이 질긴 편이다. 따라서 이유식으로 사용할 때는 즙을 내거나 익혀서 먹이는 것이 좋다. 특히 껍질이 목에 걸리지 않도록 껍질을 제거한다. 또한 토마토를 익히면 리코펜 성분이 더욱 흡수되기 쉬운 상태로 변한다. 리코펜은 강력한 항산화 효과로 몸의 활성산소와 유해산소를 제거하는 기능이 있다.

*에너지 사용이 많은 이유기에는 비타민 B_1이 풍부한 식품

비타민 B_1은 열량 영양소가 대사될 때 조효소로 사용되는 비타민이다. 성장을 위해 많은 에너지를 사용하는 이유기에는 비타민 B_1을 충분히 섭취해야만 한다. 비타민 B_1이 결핍되면 각기병이 나타날 수 있다.

super food 31 배아미

비타민 B_1을 구성하는 티아민은 거의 모든 척추동물과 미생물의 필수 영양소이다. 쌀의 눈이 그대로 붙어 있는 배아미는 비타민 B_1이 풍부하다. 소화율을 높이면서 동시에 영양소 손실을 최소한으로 줄이기 위해서는 도정 시 껍질은 가급적 많이 벗기고 쌀눈은 그대로 붙어 있는 배아미가 가장 이상적이다. 하지만 비타민 B_1은 베이킹파우더, 조개, 게와 같은 알칼리 성분의 음식과 함께 조리하면 대부분 파괴되므로 주의하자.

super food 32 보리

보리는 비타민 B_1이 많지만 그대로 사용하면 소화가 잘 안되는 단점이 있다. 이유식으로 보리를 활용하기 위해서는 갈아서 쓰는 것이 바람직하다. 보리의 섬유질은 변비에도 많은 도움을 준다. 특히 흰쌀만 먹일 때에는 변비에 걸릴 확률이 있으므로, 보리 등을 섞어서 묽게 미음을 만들어 먹이면 변비 예방에 좋다. 볶은 보리를 뜨거운 물에 우린 보리차는 소화불량에 좋지만, 위장이 차서 설사를 할 경우에는 먹이지 않는 것이 좋다.

super food 33 대두

콩은 쌀에서 부족한 비타민 B_1을 공급하기에 적합한 식품이다. 콩을 갈아서 콩국물을 만들거나 콩비지 등 소화되기 쉬운 형태의 음식으로 만들어 이유식에 활용하면 좋다. 두유를 먹이는 것도 좋은데, 두유 안의 비타민 B는 신경세포와 피부점막을 보호하고, 간장의 기능을 높이는 등 신체의 활동력을 우수하게 해준다. 두유는 주식보다는 간식으로만 사용하자. 콩은 알레르기가 많은 식품 중의 하나이므로 콩을 먹인 후 보채거나 설사 또는 발진이 있을 경우에는 먹이는 시기를 연기하는 것이 좋다.

super food 34 해바라기씨앗

해바라기씨앗은 비타민 B_1의 1일 권장섭취량의 95%가 들어 있는 우수한 비타민 공급원이다. 뿐만 아니라 필수지방산, 비타민 E, 셀레늄, 티아민, 마그네슘, 엽산 등의 영양소도 동시에 공급해준다. 갈아서 소스에 넣거나 죽에 섞어주면 좋다. 해바라기씨앗과 같은 견과류는 오일이나 감미료, 소금 등이 첨가되지 않은 것을 사용해야 한다.

super food 35 돼지고기

돼지고기는 육류 중 비타민 B_1 함량이 가장 높아서 곡류와 이상적인 궁합을 자랑한다. 돼지고기의 비타민 B_1 함유량은 쇠고기의 10배. 특히 겨울철에는 돼지고기의 비타민 B_1 함유량이 20% 이상 늘어난다. 이유식에는 등심이나 허벅지살과 같은 살코기 부위를 잘게 다지거나 갈아서 사용한다. 돼지고기의 비타민 B_1은 가열해도 쉽게 파괴되지 않아 안심하고 조리할 수 있다.

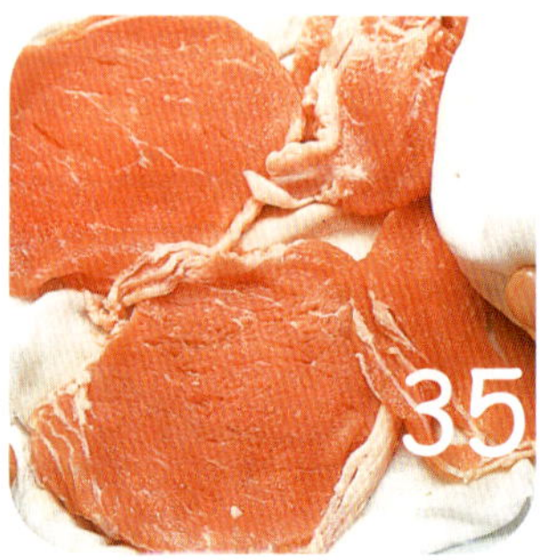

*빈혈이 생길 수 있는 이유기에는 비타민 B12가 풍부한 식품

비타민 B12는 적혈구가 합성된 후 성숙되는 과정에 필요한 영양소이다. 따라서 혈액의 합성이 활발한 이유기에 비타민 B12가 부족하면 악성 빈혈이 나타날 가능성이 매우 높아진다. 특히 비타민 B12는 식물성 식품에는 전혀 들어 있지 않고 동물성 식품에만 들어 있기 때문에 충분한 동물성 식품의 섭취가 반드시 필요하다.

super food 36 각종 육류

쇠고기, 돼지고기, 닭고기 등 모든 종류의 육류는 비타민 B12의 공급원이 된다. 또한 이들 식품은 철분의 함량도 높기 때문에 이유기에 나타나기 쉬운 영아 빈혈에 효과적이다. 그리고 육류의 비타민 B12는 성장에 꼭 필요한 엽산이 제 기능을 할 수 있도록 도와주는 역할을 한다.

super food 37 어패류

대부분의 생선, 조개류에는 비타민 B12가 풍부하게 들어 있다. 비타민 B12는 단백질 합성에 관여하여 어린이의 성장을 촉진시키고, 신경기능을 정상화해주기 때문에 초조함을 없애고 정신적 안정감을 준다. 월령에 맞춰 알레르기가 발생하지 않는 범위 내에서 어패류를 자주 먹이는 것이 바람직하다.

super food 38 우유

우유는 영아기 비타민 B12 섭취량의 큰 부분을 차지한다. 우유는 비타민뿐만 아니라 단백질, 칼슘 등의 여러 가지 영양소를 골고루 가지고 있는 완전식품. 우유는 어린이들의 성장 발육을 촉진하고, 치아와 골격을 튼튼히 해준다. 또한 머리를 좋게 하고 장을 건강하게 해주기도 한다. 그러나 이유식을 지나치게 빨리 진행하여 우유의 섭취가 줄어든 경우에는 비타민 B12가 부족할 수 있으므로 주의한다.

super food 39 유제품

영아의 모유 혹은 분유 섭취량이 점차 줄어들면서 치즈나 요구르트 등 유제품의 역할은 더 커진다. 칼슘의 공급뿐 아니라 비타민 B12의 보충을 위해서도 꾸준히 유제품을 먹이는 것이 좋다. 특히 요구르트 안의 살아 있는 미생물은 아토피 피부염과 우유 알레르기를 완화시키는데 많은 도움을 준다. 생후 3개월 이후에 요구르트의 생균을 접한 아기는 성장 후 알레르기에 걸릴 위험이 훨씬 줄어든다는 증거도 있다. 치즈나 요구르트 등은 돌 이후 완료기부터 먹이는 것이 좋다.

super food 40 달걀

우수한 단백질의 공급원이고 철분도 풍부한 달걀은 비타민 B12도 많이 들어 있다. 또한 모든 필수 아미노산이 성장 유지에 필요한 구성 비율로 포함되어 있는 완전 단백질 식품. 특히 비타민 B12는 달걀노른자에 많이 들어 있으므로 흰자만 편식하지 않도록 하는 것이 좋다. 하지만 달걀은 알레르기를 일으키는 식품으로 분류되어 있는데, 먹이고 난 후에 아토피 증세가 나타나거나 이전의 증세를 악화시킨다면 1~2개월 정도 중단했다가 다시 먹여보자. 아토피가 있는 아기라면 생후 8개월 후에 먹이는 것이 좋다.

*이유기에 중점적으로 신경 써야 하는 비타민 C가 풍부한 식품

비타민 C는 우유에 들어 있지 않기 때문에 이유를 시작하면서 중점적으로 신경을 써야 한다. 비타민 C는 특히 열에 의해 쉽게 파괴되므로 가열을 하는 경우에는 지나치게 가열하지 않도록 조리 시 주의가 필요하다. 따라서 비타민 C의 공급원으로는 가열을 많이 하는 야채보다는 가열하지 않고 생으로 먹을 수 있는 과일이 더 좋다. 과일류는 대부분 비타민 C 함량이 높지만 과일의 종류에 따라 큰 차이가 난다.

super food 41 귤

귤의 비타민 C 함량은 사과의 10배가 넘는다. 귤은 질감 또한 이유식으로 사용하기에 적합하다. 귤의 비타민 C는 신진대사를 원활하게 해주고, 피부와 점막 · 혈관을 튼튼하게 해준다. 하지만 귤은 산성이 강하고 알레르기를 유발할 수 있으므로 생후 6개월 이후에 먹이는 것이 좋다. 초기에는 속껍질까지 벗겨 부드러운 과육이나 즙을 내서 먹이고, 이유식 중기에 들어서면 식물성 섬유와 비타민이 많은, 하얀 줄기와 속껍질까지 함께 먹이는 것이 좋다.

super food 42 오렌지

비타민 C가 많은 오렌지는 집에서 생과일 주스를 만들기에 가장 간편한 과일이다. 반으로 잘라 즙을 짜 먹이면 되는데, 미지근하게 식힌 물을 2배 정도 타서 먹이는 것이 좋다. 오렌지는 비타민 C뿐만 아니라 단백질, 칼슘, 철분 등의 여러 영양소를 제공해준다. 특히 칼륨은 짜고 바삭한 스낵에 지나치게 많이 함유된 나트륨으로 인한 영양의 불균형을 해소하는 데 유용하다. 하지만 오렌지는 알레르기를 일으킬 위험이 비교적 높은 편이라 가능하면 생후 8개월 이후에 먹이는 것이 좋다.

super food 43 키위

부드럽게 잘 익은 키위는 숟가락으로 떠 먹이기에 적합하다. 키위는 비타민뿐만 아니라 섬유질도 풍부해 아이들의 변비에 매우 좋다. 작은 털 때문에 간혹 알레르기가 발생하므로 2~3일간 꾸준히 먹이면서 신체에 변화는 없는지, 알레르기 유무를 주의 깊게 관찰해야 한다.

super food 44 딸기

비타민 C가 풍부한 딸기는 질감도 부드러워 잇몸으로 으깨 먹는 연습에 적당하다. 딸기에 많은 식이섬유소인 펙틴이 배변을 원활하게 도와주는 역할도 한다. 또한 인체의 콜레스테롤과 납, 수은, 카드뮴 등의 유독성 중금속 물질을 없애는 데 도움이 되는 가용성 식이섬유가 풍부하다. 또 딸기 안의 철분은 비타민 C의 흡수를 돕고, 빈혈과 피로회복에 좋다. 딸기의 영양분을 가장 효과적으로 흡수하기 위해서는 오직 딸기만 먹이거나, 식사를 시작할 때 먹이는 것이 좋다.

super food 45 단감

단감은 사과의 약 8배 정도로 비타민 C 함량이 매우 높다. 비타민 A도 많이 포함되어 있으며, 특히 감의 색소에 많이 들어 있는 카로틴이란 물질은 체내에서 비타민 A로 전환된다. 그리고 천연 당분이 많아 소화도 잘된다. 이가 없는 경우에는 갈아서, 이가 난 경우에는 얇게 잘라서 먹이면 좋다.

* 대사가 활발한 이유기에는 비타민 E가 풍부한 식품

비타민 E는 지질의 과산화물 생성을 억제하기 때문에 활발한 대사가 일어나는 이유기에 그 중요성이 강조된다.

super food 46 잣

잣에는 비타민 E가 매우 많이 들어 있는데, 이것은 지용성 비타민이기 때문에 기름 속에 녹아있다. 따라서 비타민 E의 손실을 없애기 위해서는 잣을 가루로 만들 때 종이 위에서 칼로 다지는 방법을 사용하지 말고 블렌더에 갈아서 쓰는 것이 좋다. 또한 성장기 어린이의 뇌세포를 구성하는 필수지방산이 다량 함유되어 두뇌 발달에 탁월한 효과가 있다. 그리고 잣의 지방은 아이들의 변비 해소에도 매우 좋다.

super food 47 호두

필수지방산과 비타민 E가 풍부한 호두는 식물성 오메가-3 지방산의 주요 공급원이다. 혈중 콜레스테롤 수치를 낮추어주는 식물 스테롤이 풍부하고, 섬유질과 단백질의 훌륭한 공급원이며, 마그네슘 · 아연 · 구리 · 엽산도 들어 있다. 얇은 속껍질이 떫은맛을 내기 때문에 이유식으로 처음 호두를 사용할 때 속껍질은 벗기는 것이 바람직하다.

super food 48 땅콩

땅콩은 지방과 단백질이 약 50%로 듬뿍 들어있으며 비타민 E가 많이 들어 있고, 칼슘 · 구리 · 철분 · 니코틴산 · 엽산 · 아연 등의 미네랄과 비타민도 풍부하다. 하지만 땅콩을 가용하여 만든 땅콩버터는 가공 과정에서 염분이 첨가되고 트랜스 지방산도 만들어지므로 먹이지 않는 것이 좋다.

super food 49 올리브유

올리브유에는 비타민 E가 풍부할 뿐 아니라 비타민 E와 함께 항산화 작용을 도와주는 여러 가지 물질이 들어 있기 때문에 건강에 도움이 된다. 또한 올리브유에는 불포화지방산인 올레인산이 풍부하게 함유되어 있는데, 올레인산은 몸에 좋은 고밀도 콜레스테롤의 수치는 높여주고 혈관을 막는 저밀도 콜레스테롤의 수치는 낮추어준다. 그리고 올레인산은 신생아의 중추신경계 발육에도 중요한 역할을 한다. 올리브유는 톡 쏘는 향이 강하기 때문에 이유식에 사용할 때에는 향이 비교적 부드러운 퓨어 올리브 오일을 사용하고, 각종 재료를 익히는 가열 요리에 소량씩 사용하는 것이 좋다.

super food 50 콩기름

콩기름에는 리놀산, 올레산과 같이 인체에 필수적인 불포화지방산이 많이 함유되어 있다. 또한 콩기름은 다른 식용기름보다 비타민 E(토코페롤)의 함량이 더 높다. 또한 발연점이 높기 때문에 튀김이나 전 등 기름을 이용한 가열 요리에 적합하다.

PART 2

요리연구가 배지현의 이유식 노트

네 살 된 여자아이, 한비. 한비는 또래 아이들이 잘 먹지 않는 숙주나물은 물론 미끈거려 먹기 싫어하는 버섯까지 가리는 것 없이 잘 먹고, 맛있게 먹는 사랑스러운 아이다. 한비는 장래의 희망이 음식을 예쁘게 찍는 사진가. 그것도 엄마의 요리를 최고로 멋있게 촬영해야 한다는 사진가다. 이런 한비의 엄마가 바로 요리연구가 배지현 씨다. 모유와 직접 만든 이유식으로 한비를 키워낸 배지현 씨의 쿠킹 노트에는 이유식에 관한 온갖 정보가 총망라되어 있다. 요리를 전문으로 하는 이들은 과연 어떤 이유식을 만들어 먹였을까? 궁금하다. 무엇이나 잘 먹고, 음식에 대한 호기심이 왕성한 한비로 키워낸 요리연구가의 이유식이. 특별할 것 없다지만 한비를 아토피 없이, 감기로 크게 앓는 일 없이, 키 쑥쑥 몸 튼튼하게 키워낸 이유식이다.

basic lesson for mom

이유식을 만드는 데 꼭 알아야 할 것

"엄마의 정성을 담아 처음부터 직접 만드세요!"

how to 1* 이유식 만들기 A to Z

01 | 단맛, 짠맛이 없는 곡물로 이유식 시작

첫 이유식으로 과즙을 주는 경우가 많은데, 아기에게 단맛과 짠맛이 강한 과즙을 먹이면 단맛에 길들여져서 간이 되지 않은 이유식을 잘 먹지 않게 된다. 과즙처럼 단 음식은 편식하는 습관을 만들게 된다. 편식이 생기지 않게 하려면 곡물을 주재료로 한 간을 하지 않는 이유식을 준비하는 것이 좋다.

02 | 이유식을 만들 때 사용하는 기름

이유식을 볶아서 만들 때는 올리브유나 참기름을 사용하는 것이 좋다. 아토피가 있는 아이는 기름을 많이 쓰면 증상이 더 심해진다. 볶을 때는 가급적이면 기름을 적게 사용하고, 아토피가 심한 아기를 위해서는 볶는 조리법보다는 데치고 끓여 만드는 방법으로 이유식을 만든다.

03 | 시기별로 농도나 씹히는 정도를 조절한다

초기 이유식은 아이가 삼키기 쉽고 소화하기 좋도록 물처럼 만들어 주다가 아이가 무리 없이 잘 먹으면 농도를 점점 짙게 만든다. 이유식에 들어가는 모든 재료는 익혀

앞서 이유식에 대한 이런저런 기초 상식을 익혔으니 조리에 대한 정확한 방법을 익혀야 한다. 걱정만 앞세우지 말고 요리 연구가 배지현 씨가 딸 한비를 키우면서 완성한 이유식 조리 노트를 활용하자. 조리 포인트부터 사소한 메모까지 곁들여 있어 손쉽게 이유식을 만들 수 있다.

서 사용하고, 조리 도구는 끓는 물에 살균하는 것이 좋다.

중기 이유식은 아기가 혀와 잇몸으로 쉽게 으깰 수 있는 두부 정도의 굳기로 조리하는 것이 좋다. 재료는 한 가지만 쓰지 말고 쌀과 야채를 섞어서 조리한다.

후기 이유식은 잇몸으로 쉽게 으깰 수 있는 바나나 정도의 굳기로 조리하는 것이 좋다. 이때부터 오믈렛처럼 기름을 두르고 부치는 음식을 시도해도 된다.

완료기에는 쌀 외의 재료는 0.5~1cm 크기로 썰어 조리한다. 굳기는 잇몸으로 씹을 수 있는 연한 것부터 감자튀김처럼 단단한 것까지가 적당하다. 데치거나 삶거나 찌는 것 외에도 전을 부치거나 볶거나 튀기는 것 같은 다양한 조리법을 이용해본다.

04 | 이유식 초기에는 이유식과 모유를 함께 먹인다

처음 이유식을 먹일 때는 아기가 싫어할 수 있다. 숟가락으로 들어오는 낯선 음식에 당황하고 짜증을 내는 것은 당연한 일이기도 하다. 이유식을 처음 먹일 때는 배고파하는 아기에게 모유나 분유를 조금 먹이고 나서 아주 작은 숟가락으로 이유식을 입에 넣어 준 다음 다시 모유나 분유를 양껏 먹이는 방법으로 시작한다. 숟가락으로 먹는 새로운 경험이 만족감을 갖게 할 수 있다.

05 | 10배죽이란

10배죽은 쌀과 물의 비율이 1대 10이 되도록 끓인 죽. 이유 초기에는 10배죽으로 시작하고, 6개월차에 접어들면서 점점 7배죽, 5배죽으로 되직하게 만든다.

06 | 야채죽에 익숙해진 후 과즙을 먹여야 한다

10배죽에 아이가 거부감을 갖지 않는다면, 시금치 · 당근 등의 야채를 곱게 갈아 야채죽을 만들어 먹이도록 한다. 간혹 이유식은 과즙으로 시작하는 것으로 생각하는 엄마들이 많은데, 과일을 야채보다 먼저 먹이게 되면 아이가 과일의 단맛에 익숙해져 야채를 잘 먹지 않으려 한다. 야채죽에 맛이 익숙해진 후 과즙을 먹이도록 하는 것이 좋다.

07 | 과일은 먼저 껍질과 씨를 제거한다

과일은 아기의 월령을 고려하여 즙을 내거나 긁어 먹이거나 잘게 잘라 먹인다. 이때 과일은 먼저 껍질을 벗기고 씨를 제거한 다음 이용한다. 과일 껍질이나 씨는 잘 씹히지 않아 소화가 어렵기 때문에 손질한 후에 이유식으로 활용한다.

08 | 죽을 끓일 때는 채소 데친 물을 이용한다

조리 중에 영양소 손실이 가장 많은 식품은 채소. 그래서 채소를 익힐 때는 물의 양을 적게 하여 높은 온도에서 단시간 데쳐야 영양소 손실을 줄일 수 있다. 당근·감자·무 같은 경우에는 증기 압력솥을 이용하면 영양소 손실을 많이 줄일 수 있다. 그리고 채소 데친 물은 버리지 말고 죽을 끓이는 데 사용하는 것이 좋다. 물에 녹아 들어간 영양소까지 아기에게 먹일 수 있다.

09 | 냉동한 이유식 재료 해동하기

냉동 재료를 해동할 때는 냉장고에서 저온으로 해동하거나 전자레인지를 이용하는 것이 좋다. 상온에서 해동하게 되면 세균에 오염되기 쉽다. 다음날 이용할 이유식 재료는 미리 냉동실에서 냉장실로 옮겨놓는다.

10 | 전자레인지를 사용할 때 주의할 점

이유식을 전자레인지로 요리하면 아기가 전자파의 피해를 입지 않을까 고민하는 경우가 많다. 하지만 전자레인지로 찌거나 데운다고 해서 이유식에 전자파가 남아 있지는 않다. 오히려 신경 써야 할 것은 음식의 온도. 전자레인지에 음식을 데우면 음식의 표면은 뜨겁지 않아도 속은 매우 뜨거운 경우가 많다. 이것을 그대로 아기에게 먹이게 되면 입 안에 심각한 화상을 입을 수 있기 때문에 전자레인지로 이유식을 데운 경우에는 반드시 고루 잘 젓고 뜨겁지 않은지 확인한 후 먹인다.

11 | 이유식용 조리 도구는 별도로 준비한다

어른용 조리 도구를 이용하면 위생적인 면뿐 아니라 조리 도구에 마늘이나 고춧가루 같은 강한 향신료의 맛과 냄새가 배어 아기의 식욕을 떨어뜨리고 심하면 배탈을 일으킬 수도 있다. 이유식용으로 칼과 작은 도마를 따로 마련하고, 작은 냄비도 하나 따로 마련해 성인식을 조리한 냄비에 곧바로 이유식을 조리하는 일이 없도록 한다.

12 | 이유식 조리 기구 관리 방법

식기류는 아기 전용 세제로 깨끗이 씻은 후 가열 살균한다. 부피가 작은 도구는 4분 정도 끓여 살균 소독한다. 칼이나 도마는 80°C 정도의 뜨거운 물에 10초 정도 담갔다가 꺼내 햇빛에 말린다. 행주는 15분 정도 삶아 빤 뒤 햇빛에 바싹 말린 후 사용한다. 손은 비누로 자주 씻도록 한다.

how to 2*이유식 스피디하게 만들기

이유식을 빠르고 쉽게 만들 수 있는 방법은 재료의 효율적인 활용 방법에 있다. 채소를 손질하고 데치는 시간을 절약하는 아이디어, 매번 끓이기 번거로운 육수를 신선하게 보관하는 요령, 미음이나 죽을 빨리 끓이는 방법 등이 있다면 이유식 만들기가 쉽다.

01 | 채소류 보관하기

시금치 · 당근 · 애호박 · 브로콜리 같은 채소는 아주 신선한 상태의 것을 골라 구입한 뒤 끓는 물에 살짝 데쳐서 물기를 완전히 제거한 후 1회분씩 냉동 포장한다. 조리하기 좋은 크기로 미리 잘라 냉동하는 것이 좋으며 8개월 정도 냉동 보관이 가능하다. 그러나 감자는 냉동 보관할 경우 맛과 질감이 많이 변하므로 쪄서 곱게 으깨어 보관한다. 마찬가지로 1회분씩 포장하여 냉동 보관.

02 | 육류 보관하기

육류는 다져서 냉동하거나 적당한 크기의 덩어리로 잘라 냉동 보관한다. 덩어리 고기는 냉동하기 전에 기름기를 완전히 제거하고, 최상의 질을 유지하기 위해 급랭시켜야 한다. 다진 고기는 냉동용 지퍼 백에 담아 평평하게 편 후 칼 등으로 눌러 절개선을 만들어주면 후에 꺼내어 이 절개선을 따라 잘라 사용하면 편리하다. 사용할 때는 반드시 냉장실이나 전자레인지에서 해동, 절대 실온에서 해동하지 않는다. 세균이 번식하기 쉽기 때문. 3개월까지 보관 가능하다.

03 | 흰살 생선, 닭고기 보관하기

흰살 생선은 신선한 것으로 골라 구입한 후 찜통에 쪄서 살만 발라내어 1회분씩 랩에 포장하여 보관. 6개월까지 냉동실에 두고 사용할 수 있다. 닭고기도 마찬가지로 삶아서 익힌 후 껍질과 뼈, 기름기를 제거한 후 잘게 찢거나 다져서 보관한다. 기름기가 적은 가슴살은 냉동보관하기에도 안전하고 이유식에 사용하기에도 적합하다.

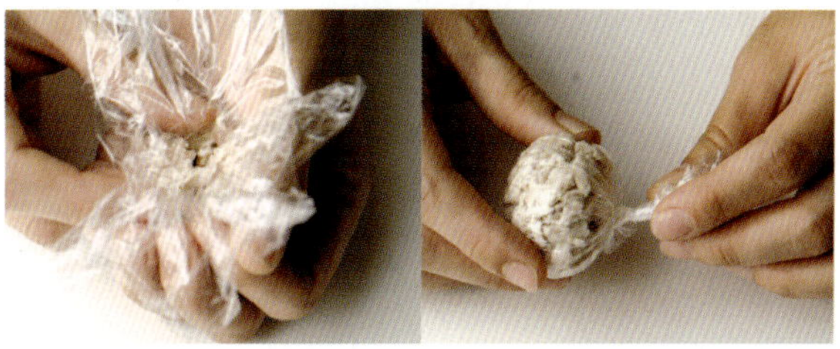

04 | 밥, 삶은 밤, 고구마 보관하기

이유식을 만들고 남은 삶은 밤이나 고구마, 밥은 랩에 싸서 냉동실에 보관을 해두었다가 사용한다.

05 | 육수 보관하기

우유 팩을 이용해 육수를 얼려 보관한다. 1~2회 정도 사용 가능한 육수의 양을 우유 팩에 넣어 얼려서 사용하면 그때그때 쉽게 사용할 수 있다. 또 얼음통에 얼려서 지퍼 백이나 밀폐용기에 보관해두면 조금씩 꺼내 쓰기 편리하다.

06 | 미음&죽 쉽게 빨리 끓이기

초기 이유식으로 준비하는 미음은 쌀과 물을 같이 믹서에 넣고 갈아서 냄비에 붓고 끓이면 쉽게 빠르게 만들 수 있다. 분량은 쌀 10g, 물 1컵의 비율로 준비한다.

중기 이유식으로 준비하는 죽은 쌀을 불려두었다가 커터를 이용해 반쯤 갈아 분량의 물과 함께 냄비에 넣어 끓인다. 분량은 쌀 20g, 물 2컵의 비율로 준비한다.
후기 이유식으로 준비하는 진밥은 완성된 밥에 물을 부어 살짝 끓여 낸다.

how to 3*이유식 기본 육수 만들기

이유식을 만들 때 사용하는 육수는 넉넉히 끓여두었다가 필요할 때마다 사용하면 편리하다. 쇠고기, 닭고기, 멸치, 조개 등 다양한 재료를 이용해서 기본 육수를 만들어 음료수 병에 넣어서 냉장 보관을 한다. 보관 기간은 2~3일 정도가 적당하다.

육수	재료 & 분량	만들기	tip
 멸치맛국물	멸치(육수용) 15마리 물 4컵	멸치는 머리와 내장을 제거하여 손질한 다음 프라이팬에 기름을 두르지 않고 볶아서 비린내를 없앤다. 냄비에 물을 붓고 볶아둔 멸치를 넣어서 끓인다. 생기는 거품은 걷어내면서 10~15분 정도 끓여 면보에 걸러 사용한다.	멸치는 금빛이 나고 맑은 기운이 도는 것이 최고. 금색의 해맑은 멸치는 국물이 담백하고, 개운하며 기름기가 돌지 않는 것이 특징이다. 일반적으로 생각하는 은빛에 파란 기 도는 멸치가 좋다는 생각은 편견으로 중간 크기 이상의 멸치는 오히려 푸른색이 들수록 싱싱하지 못한 것이 더 많다.
 다시마육수	다시마 5×5cm 5장 물 4컵	다시마는 젖은 행주로 표면의 하얀 가루를 닦아내고 가위집을 낸다. 냄비에 물을 붓고 다시마를 넣어서 20분 정도 불려두었다가 그대로 불에 올려서 끓인다. 끓으면 불을 약하게 하고 10분 정도 끓인 후 면보에 밭쳐서 사용한다. 다시마는 두툼하고 검은색에 녹갈색을 띠는 것이 좋다.	
 쇠고기육수	쇠고기 100g 물 4컵	쇠고기는 찬물에 헹궈서 핏물을 뺀다. 냄비에 찬물을 담고 여기에 쇠고기를 넣어서 끓인다. 끓으면서 생기는 거품은 수시로 걷어내고 불을 줄여서 20분 정도 끓인다. 면보에 밭쳐 맑은 육수로 준비한다.	쇠고기 육수에는 양지머리 부위가 적합하다.
 닭고기육수	닭살 100g, 살을 발라낸 닭다리뼈 3~4개, 물 4컵, 양파 1/2개, 대파 10cm	닭뼈는 찬물에 담가 1~2시간 정도 핏물을 빼서 이용한다. 냄비에 닭뼈와 닭살, 양파, 대파를 넣어서 끓인다. 생기는 거품은 걷어내고 15~20분 정도 끓인다. 이것을 면보에 걸러서 사용한다.	닭고기는 고기가 단단하고 껍질막이 투명하고 크림색을 띠며 털구멍이 울퉁불퉁 튀어나온 것이 좋다.
 야채육수	무 · 당근 · 양파 · 감자 등 갖은 야채, 물 4컵	무, 당근, 양파, 감자 등등 집에서 요리를 하다 남은 짜투리 야채를 이용해서 육수를 만든다. 냄비에 물 4컵을 붓고 야채들을 작게 토막을 내서 끓인다. 끓으면 불을 줄여서 20~30분 정도 끓인 후 면보에 걸러서 사용한다.	고기를 사용하기가 조심스러울 때는 해물육수와 게를 이용해 국물을 내는 것도 좋은 방법. 게살에는 필수아미노산과 키토산 등 무기질이 많이 함유되어 있어 고기 대신 사용해도 좋다. 육수를 만들고 난 게살은 이유식을 만들 때 고기 대신 사용하면 좋다.
 해물육수	꽃게 1마리, 양파 1/4개, 물 4컵	꽃게는 통째로 이용하므로 깨끗하게 손질하고 물 4컵, 양파를 넣고 끓인다. 생기는 거품을 수시로 걷어내고 15~20분 정도 푹 끓인다. 다 끓인 해물육수는 면보에 걸러 사용한다. 양파는 해물 특유의 비린내를 없앤다.	

분유물 만들기

보통 아기들이 먹는 분유를 사용한다. 아기들이 먹다 남긴 분유를 버리긴 아까울 때 이것을 이유식 만들 때 사용한다. 하지만 실온에 너무 오래 둔 분유는 버리는 게 좋다. 분유를 계량할 때에는 분유통에 함께 포장되어 있는 계량스푼을 사용해야 한다. 깨끗한 칼끝을 사용해서 수평이 되도록 계량하는 것이 중요! 절대로 수북이 담아 사용하거나 여분으로 더 담는 일이 없어야 한다. 분유회사마다 계량스푼의 용량이 다르기 때문에 분유통 표면에 있는 지시사항을 반드시 읽고, 지시 사항대로 물과 분유를 적당량 섞어 이유식에 이용한다.

5~6month

처음 이유식을 시작하는 이때부터는 먹는 시간과 잠자는 시간이 점점 규칙적으로 됩니다. 이 시기의 아이는 면역력이 약하기 때문에 모든 이유식 도구는 끓는 물에 소독해서 사용해야 합니다. 음식에 대한 다양한 맛을 느끼기 시작하는 이유 초기에는 입을 벌려 음식을 받아먹고 삼키는 연습을 하는 시기랍니다. 아기가 잘 안 먹는다고 해서 초조해하거나 억지로 먹이려고 한다면 거부감을 일으킬 수 있어서 좋지 않아요. 느긋하게 생각하고 차근차근 시작하는 것이 좋습니다. 이유식을 한꺼번에 많이 만들어놓고 냉동실에 얼려두었다가 먹이는 경우가 많은데, 이럴 경우에는 중탕을 해서 먹이거나 팔팔 끓인 다음 미지근하게 식혀서 먹이는 것이 좋습니다. 이유식을 만들 때는 제철 식품을 사용하는 것이 가장 좋은 방법이랍니다. 제철에 나는 신선한 재료를 골고루 사용하여 다양한 음식을 맛보게 하면 편식하는 습관이 생기지 않겠죠.

칼슘치즈조미음

재료와 분량 | 불린 쌀 10g, 칼슘치즈 1/4장, 조 1/2큰술, 물 1컵

1 쌀과 조는 30분 정도 물에 불려두었다가 건져서 믹서에 넣고 약간의 물을 붓고 곱게 간다.

2 냄비에 ①과 물 1컵을 붓고 끓인다.

3 끓으면 불을 줄여서 약한 불에서 주걱으로 저어가면서 쌀이 푹 퍼지도록 끓인다.

4 ③이 완전히 퍼지면 치즈를 넣어서 녹인 후 체에 걸러서 먹인다.

cooking point 치즈는 칼슘, 단백질, 각종 비타민이 골고루 들어 있는 영양 만점의 재료. 그러나 너무 많이 사용하면 짠맛이 강해질 수 있으므로 주의하자.사과를 갈 때 비타민 C의 파괴를 막기 위해서 쇠로 된 강판 대신 플라스틱 강판을 사용할 것! 갈변되지 않도록 넣기 직전에 갈고 살짝만 끓인다.

밤미음

재료와 분량 | 밤 2개, 불린 쌀 10g, 닭고기육수 1컵

1 밤은 껍데기를 벗겨서 찜통에 찐 후 으깬다.

2 물에 불린 쌀을 닭고기육수를 함께 믹서에 넣고 곱게 갈아 준비한다.

3 냄비에 ②를 넣고 끓이다가 미음이 푹 퍼지면 ①을 넣고 잘 섞어서 끓인다.

4 체에 한 번 거른 후 먹인다.

감자죽

재료와 분량 | 감자 1개, 쇠고기육수 1/2컵, 모유나 분유물 1/2컵

1 감자는 깨끗이 씻어 껍질을 벗겨 푹 삶는다.

2 ①을 으깨어 쇠고기육수, 우유를 넣어 잠깐 끓여 따뜻하게 먹인다.

무멜론미음

재료와 분량 | 쌀 10g, 무 10g, 멜론 5g, 야채육수 1컵

1 쌀은 물에 불려서 야채육수 1컵을 넣고 분쇄기에 곱게 간다.

2 무와 멜론은 강판에 갈아서 준비를 한다.

3 냄비에 ①의 쌀물을 부어서 나무주걱으로 잘 저어가면서 끓인다.

4 ③에 무와 멜론 간 것을 넣어서 끓인다. 미음이 퍼지면 체에 한 번 내려서 먹인다.

귤미음

재료와 분량 | 귤 과육 10g, 쌀 10g, 물 1컵

1 귤은 속껍질을 벗겨내고 알맹이만 준비해서 으깬다.

2 쌀은 물에 불려서 믹서기에 물을 넣고 간다.

3 ②를 냄비에 넣고 끓인 다음, ①의 으깬 귤을 넣어서 푹 무르도록 끓인다.

4 체에 곱게 걸러서 먹인다.

수수미음

재료와 분량 | 차수수 10g, 대추 1개, 물 1컵

1 차수수는 비벼 씻어서 떫은맛을 없앤 후 물에 불린다.

2 차수수와 씻은 대추를 냄비에 넣고 한참 끓인다.

3 걸쭉하게 되었을 때 체에 밭쳐낸다

배당근미음

재료와 분량 | 불린 쌀 10g, 배 10g, 당근 5g, 물 1컵

1 물에 충분히 불린 쌀을 믹서에 넣고, 쌀과 같은 분량의 물을 부어 곱게 간다.

2 배는 곱게 다지듯이 썰고, 당근도 다진다.

3 냄비에 ①과 ②를 넣어서 나무주걱으로 잘 저어가면서 푹 무르도록 끓인다.

4 다 끓으면 체에 한 번 걸러서 먹인다.

두부당근미음

재료와 분량 | 불린 쌀 10g, 두부 10g, 당근 5g, 물 1컵

1 물에 불린 쌀과 물을 믹서에 함께 넣고 곱게 갈아 준비한다.

2 당근은 곱게 다지고, 두부는 끓는 물에 데쳐서 곱게 으깬다.

3 냄비에 ①과 곱게 다진 당근을 넣어서 끓인다.

4 ③이 푹 퍼지면 으깬 두부를 넣고 한소끔 끓여서 체에 걸러 먹인다.

사과고구마미음

재료와 분량 | 불린 쌀 10g, 사과 10g, 고구마 10g, 물 1컵

1 불린 쌀을 믹서에 넣고 곱게 갈아서 준비한다.

2 사과는 강판에 갈아서 준비하고 고구마는 껍질을 벗겨 익힌 후에 으깬다.

3 냄비에 ①을 넣고 나무주걱으로 잘 저어가면서 끓인 후, 준비된 사과와 고구마를 넣고 살짝 끓인 후 체에 걸러서 먹인다.

아욱멸치국물미음

재료와 분량 | 쌀 10g, 아욱잎 1장, 멸치맛국물 1컵

1 아욱은 끓는 물에 데쳐 물기를 뺀 후 다져서 준비를 한다.

2 멸치육수는 아직 초기이므로 진하게 우려내지 말고 연하게 우려서 준비를 한다.

3 쌀은 물에 불려서 분량의 멸치맛국물을 붓고 함께 곱게 갈아서 준비를 한다.

4 냄비에 ③의 쌀물과 아욱 썬 것을 넣어서 나무주걱으로 저어가면서 끓인다.

5 끓으면 불을 줄여서 쌀알이 퍼지도록 끓여서 체에 한 번 내려서 먹인다.

옥수수배추감자미음

재료와 분량 | 옥수수 1큰술, 배추 10g, 감자 10g, 쌀 10g, 물 1컵

1 쌀은 불려서 물 1컵과 함께 믹서에 넣고 곱게 간다. 여기에 옥수수를 넣고 같이 간다.

2 감자는 삶아서 으깨고, 배추는 곱게 다진다.

3 냄비에 ①과 다진 배추를 넣고 푹 무르도록 끓인다.

4 ③에 으깬 감자를 넣고 한소끔 끓인 후 체에 한 번 걸러서 먹인다.

애호박조미음

재료와 분량 | 불린 쌀 10g, 조 1/2큰술, 애호박 10g, 물 1컵

1 조는 깨끗하게 씻어서 쌀과 함께 믹서에 넣고 물을 부어 곱게 간다.

2 애호박은 씻어서 작게 썰어 준비한다.

3 ①을 냄비에 넣고 끓이다가 쌀알이 잘 퍼지면 애호박을 넣어서 끓인다.

4 ③을 체에 걸러서 먹인다.

감자멜론미음

재료와 분량 | 쌀 10g, 감자 10g, 멜론 5g, 물 1컵

1 쌀은 물에 불려서 분량의 물과 함께 분쇄기에 곱게 간다.

2 감자는 껍질을 벗겨서 삶은 후 으깬다.

3 멜론은 강판에 갈아서 준비를 한다.

4 ①을 냄비에 담고 나무주걱으로 잘 저어가면서 끓인다.

5 ④에 감자 으깬 것과 멜론을 넣어서 끓인다. 끓으면 불을 줄여서 쌀이 퍼지도록 끓인다.

6 퍼지면 체에 한 번 내려서 먹인다.

시금치감자미음

재료와 분량 | 불린 쌀 10g, 시금치 10g, 감자 10g, 물 1컵

1 쌀은 30분 정도 물에 불렸다가 건져 믹서에 넣고 물을 부어서 곱게 간다.

2 감자는 잘게 다진다.

3 시금치는 끓는 물에 데쳐 물기를 짜낸 후 잘게 다져 준비한다.

4 냄비에 ①과 준비한 감자를 넣고 끓인다. 끓으면 불을 줄이고 주걱으로 저어가면서 잘 퍼지도록 익힌다.

5 ④에 다진 시금치를 넣고 푹 퍼지도록 끓인 후 체에 걸러서 먹인다.

cooking point 시금치는 칼슘 함량이 매우 높고 식이섬유소 또한 풍부하다. 변비가 있을 때 안성맞춤.

오이브로콜리배미음

재료와 분량 | 쌀 10g, 오이 5g, 브로콜리 5g, 배 5g, 물 1컵

1 쌀은 물에 불려서 1컵의 물을 부어서 곱게 간다.

2 브로콜리는 끓는 물에 파랗게 데쳐내어 곱게 다진다.

3 오이와 배도 곱게 다진다.

4 냄비에 ①의 쌀물을 붓고 준비한 야채와 배를 넣어서 끓인다.

5 나무주걱으로 잘 저어가면서 쌀이 퍼지도록 끓인 후 체에 한 번 내려서 먹인다.

cooking point 브로콜리는 항산화물질이 풍부해서 면역력을 높여준다. 항암효과도 잘 알려져 있다.

차조미음

재료와 분량 | 차조 10g, 대추 1개, 황밤 2개, 물 1컵

1 차조, 대추, 황밤은 깨끗이 씻어 1컵 분량의 물에 넣고 약한 불에서 푹 삶는다.

2 걸쭉하게 되었을 때 체에 밭쳐 그릇에 담아 낸다.

cooking point 황밤은 말려서 속껍질을 제거한 밤. 생밤을 써도 무방하다.

김다시마육수미음

재료와 분량 | 쌀 20g, 김 1/4장, 다시마육수 1컵

1 쌀은 물에 불려서 분량의 다시마육수와 함께 분쇄기에 곱게 갈아서 준비를 한다.

2 냄비에 ①의 쌀물을 붓고 나무주걱으로 잘 저어가면서 끓인다.

3 ②에 김을 넣고 불을 줄여 저어가면서 잘 퍼지도록 끓인다.

4 푹 퍼지면 체에 한 번 걸러서 먹인다.

cooking note ①

한비 엄마 배지현의 이유식 노트

"우리 아기에게 잘 맞는 식품인지 아닌지 살펴보세요!"

이유식을 먹고 싫어하지 않아요

아기가 이유식을 잘 먹지 않으려고 할 때 억지로 먹이게 되면 음식을 먹는 행위에 흥미를 잃어버린다고 해서, 한비가 먹고 싶어 하지 않을 때에는 먹이지 않았습니다. 이 시기에는 이유식 주재료를 한 가지씩 정해서 아기의 상태를 봐가면서 만드는 것이 좋습니다. 아기에 따라서 알레르기를 일으키는 식품이 다르니까요. 한비는 늘 잘 먹어서 이유 초기에는 하루에 한 번만 먹였는데, 잘 안 먹는 아기들은 시간을 정해놓지 말고 아기가 기분 좋을 때 먹이는 것이 좋습니다.

변을 볼 때 힘들어 해요!

이유식을 시작하니까 한비가 변을 볼 때 약간 힘들어 했습니다. 그러면서 묽은 변에서 약간 된 변으로 바뀌었고요. 그럴 때 고구마와 채소를 믹서에 완전히 갈아서 묽게 만든 이유식을 주었더니 좋아졌습니다. 이유식 초기부터는 아니지만 중기나 후기로 갈수록 점점 어른과 비슷한 변을 보게 된답니다. 감자는 식이섬유가 많아서 변비와 알레르기에 좋은 식품입니다. 그래서 항상 감자를 넣은 이유식을 만들어 먹였습니다. 한비는 단호박을 먹여도 변비 증세가 좋아졌는데, 다른 아기에게 똑같이 해주었을 때는 좋지 않았습니다. 간혹 단호박을 먹으면 변비에 걸리는 아기가 있으니 잘 살펴보고 먹이는 것이 좋습니다. 아기마다 체질이 다르니까 우리 아기에게 맞는 재료를 찾아 먹이는 것이 중요합니다.

숟가락을 꼭 이용하세요

이유 초기에는 아기가 숟가락이라는 도구를 이용해서 모유나 분유가 아닌 밥이라는 것을 먹는다는 것만으로도 새로운 경험을 하는 때입니다. 따라서 건더기를 먹이기보다는 체에 아주 곱게 걸러서 만든 아주 부드러운 이유식을 먹이는 것이 좋습니다. 과일은 강판에 갈아서 물과 1:1 정도의 비율로 섞어서 먹여도 좋고, 곱게 갈아서 맑은 즙만 떠먹여도 좋습니다.

맑은 국 같은 정도의 이유식으로

이 시기는 곡류의 맛에 적응을 하는 시기이므로 건더기 없이 주르룩 흐르는 상태의 미음이나 맑은 국 같은 정도면 충분합니다. 채소 같은 것을 푹 삶아서 체에 걸러낸 국물만 먹이는 것이 좋답니다. 이때 멸치국물이나 쇠고기육수 같은 것을 이용해서 야채수프를 끓이면 영양가가 더욱 좋아지겠죠. 처음에는 10배 죽으로 시작해서 아이의 알레르기 반응을 잘 살펴보면서 하나씩 다른 식품을 첨가해서 만드는 것이 좋습니다.

이유식 먹이는 시간을 정하기 어려울 때는

이유식을 시작할 시기가 되었는데도 수유하는 시간이 일정치 않아 이유식 먹이는 시간을 정하기 어려운 경우가 많습니다. 이때는 수유 시간을 조절하는 것이 좋은데, 아기가 배가 고프다고 울어도 정해진 수유 시간에 맞추어 주도록 하세요. 한비는 모유를 수시로 먹었는데, 그것 때문에 이유식 시간을 정하기가 어려웠답니다. 이유 초기에는 하루에 한 번, 아침에 일어나서 모유를 먹이기 전에 이유식을 먹이려고 했습니다. 이유식을 먼저 먹이고 나서 조금 있다가 모유를 먹이는 방법으로요. 처음에는 이유식을 조금만 먹으려 하고 계속 모유를 찾았었는데, 시간이 지날수록 이유식을 한 번 먹으면 수유 횟수가 한 번 줄어들더라고요. 모유를 먹는 시간에 이유식을 먹게 되는 거죠. 초기에는 이유식만으로 아기의 배를 채워줄 수 없습니다. 그래서 이유식 한 번 먹였다고 갑자기 수유량을 줄이는 것은 좋지 않답니다. 아직까지는 아기에게 필요한 칼로리와 영양소의 대부분은 모유를 통해서 섭취하거든요.

과즙은 물과 섞어 주세요!

귤은 감기 예방에도 좋은데 아기가 감기 기운이 조금 있을 때 과즙을 내어서 먹이면 좋습니다. 하지만 처음 이유식을 시작할 때는 과즙을 내서 그대로 먹이는 것보다는 물로 희석시켜서 먹이는 것이 좋습니다. 과즙의 비타민이 손실되는 것을 방지하기 위해서는 반드시 먹이기 바로 직전에 즙을 내는 것이 중요합니다.

찐사과미음

재료와 분량 | 쌀 10g, 사과 20g, 물 1컵

1 쌀은 물에 불린 후 분량의 물을 넣고 분쇄기에 곱게 간다.

2 사과는 껍질을 벗겨서 작게 썰어서 내열용기에 담아 전자레인지에 1분 정도 익힌다.

3 ②의 사과를 곱게 다진다.

4 ①의 쌀물을 냄비에 담고 나무주걱으로 저어가면서 끓인다. 여기에 다진 찐사과를 넣어 끓인다.

5 쌀알이 퍼지면 체에 한 번 걸러서 먹인다.

단감조미음

재료와 분량 | 쌀 10g, 조 5g, 단감 10g, 물 1컵

1 쌀과 조는 물에 불려서 둔다.

2 불린 쌀과 조는 믹서에 넣고 분량의 물을 붓고 곱게 간다.

3 단감은 껍질을 벗겨서 곱게 다진다.

4 냄비에 ③의 단감 다진 것을 넣고 나무주걱으로 잘 저어가면서 끓이다가 ②를 넣고 끓인다.

5 ④가 끓으면 불을 줄여서 퍼지도록 끓인 후 체에 한 번 내려서 먹인다.

단호박감자미음

재료와 분량 | 불린 쌀 10g, 단호박 10g, 감자 10g, 물 1컵

1 불린 쌀은 물을 넣고 믹서에 곱게 갈아서 준비한다.

2 단호박은 찜통에 찐 후 속을 파내서 으깬다.

3 감자는 손질해 곱게 다진다.

4 냄비에 ①을 넣고 준비된 감자를 넣어서 주걱으로 저어가면서 쌀알이 퍼지도록 끓인다.

5 ④에 준비된 단호박을 넣고 살짝 끓인 후 체에 내려서 먹인다.

감자당근미음

재료와 분량 | 불린 쌀 10g, 감자 10g, 당근 10g, 물 1컵

1 쌀을 믹서에 넣고 물을 부어서 곱게 간다.

2 당근은 강판에 갈아서 준비한다.

3 감자는 껍질을 벗겨서 작게 썰고 전자레인지에 넣어 익힌 다음 으깬다.

4 냄비에 ①을 넣고 끓이다가 당근을 넣어서 끓인다. 쌀알이 퍼지면 감자 으깬 것을 넣고 한소끔 끓인 후 체에 걸러서 먹인다.

밤브로콜리미음

재료와 분량 | 쌀 10g, 밤 2개, 브로콜리 10g, 물 1컵

1 쌀은 물에 불린 후 분량의 물을 부어서 곱게 간다.
2 밤은 쪄서 껍데기를 벗겨낸 다음 곱게 으깬다.
3 브로콜리는 끓는 물에 데쳐서 곱게 다진다.
4 냄비에 ①의 쌀물을 붓고 브로콜리를 넣어서 끓인다.
5 나무주걱으로 잘 저어가면서 쌀알이 퍼지도록 끓인 후 여기에 밤을 넣어서 끓인다. 이것을 체에 한 번 내려서 먹인다.

밤암죽

재료와 분량(4인분) | 불린 쌀 1/4컵, 물 $2\frac{1}{2}$컵, 꿀 약간, 밤 2~3개

1 2~3시간 불린 쌀은 분쇄기에 곱게 갈아 체에 밭친다.

2 밤은 열이 오른 찜통에 넣고 찐 다음 으깨어 체에 밭친다. 쌀 간 것과 함께 물을 붓고 나무주걱으로 저으면서 쌀이 푹 퍼지게 끓인다.

3 꿀을 섞어 맛을 낸다.

양상추미음

재료와 분량 | 쌀 10g, 양상추 15g, 물 1컵

1 쌀은 물에 불려서 분량의 물을 붓고 믹서에 곱게 간다.

2 양상추는 깨끗하게 씻어서 곱게 다진다.

3 ①의 쌀을 냄비에 넣고 나무주걱으로 잘 저어가면서 끓인다.

4 ③의 냄비에 양상추 다진 것을 넣고 푹 무르도록 끓인다.

5 ④를 체에 한 번 걸러서 먹인다.

당근수프

재료와 분량 | 당근 10g, 양파 10g, 버터 · 밀가루 약간씩, 육수 1컵

1 당근은 얇게 썰고, 양파는 채썬다.

2 냄비에 버터를 약간 두르고 양파와 당근을 넣고 볶는다. 버터를 추가하고 밀가루를 넣어 볶는다.

3 ②에 육수를 붓고 약한 불에서 30분 정도 끓인다.

4 식으면 믹서에 갈고, 체에 걸러 냄비에 넣고 끓으면 우유를 넣는다.

cooking point 당근의 비타민 A는 베타카로틴 형태로 들어 있다. 베타카로틴 과잉 섭취 시에는 피부가 노랗게 변할 수 있으므로 주의.

애호박사과미음

재료와 분량 | 쌀 10g, 사과 5g, 애호박 10g, 물 1컵

1 쌀은 물에 불려서 분량의 물을 붓고 믹서에 곱게 간다.

2 사과와 애호박은 곱게 다진다.

3 냄비에 ①의 쌀물을 붓고 사과와 애호박을 넣어서 끓인다.

4 끓으면 불을 줄여서 약한 불에서 쌀이 푹 퍼지도록 끓인다.

5 체에 한 번 내려서 먹인다.

브로콜리단감미음

재료와 분량 | 쌀 10g, 브로콜리 5g, 단감 5g, 다시마육수 1컵

1 브로콜리는 끓는 물에 데쳐서 다진다.

2 단감도 곱게 다진다.

3 쌀은 물에 불려서 믹서에 다시마육수를 붓고 곱게 간다.

4 냄비에 ③을 넣고 끓이다가 브로콜리와 단감을 넣어서 무르도록 끓인다.

5 ④를 체에 걸러서 먹인다.

바나나미음

재료와 분량 | 쌀 10g, 바나나 10g, 물 1컵

1 쌀은 물에 불려서 준비를 한다.

2 ①의 쌀을 믹서에 넣고 분량의 물을 부어 곱게 간다.

3 바나나는 껍질을 벗겨서 포크로 잘 으깬다.

4 냄비에 ②를 넣고 나무주걱으로 잘 저어가면서 끓인다.

5 ④가 끓으면 바나나 으깬 것을 넣어서 퍼지도록 끓인 후 체에 한 번 걸러서 먹인다.

대추미음

재료와 분량 | 쌀 10g, 대추 10g, 물 1컵

1 대추는 물에 한 번 씻어서 씨를 빼내고 잘게 썬다.

2 쌀은 물에 불린 후 분량의 물을 넣고 분쇄기에 곱게 간다. 여기에 대추 썬 것을 넣어서 다시 곱게 간다.

3 ②를 냄비에 옮겨 담고 나무주걱으로 잘 저어가면서 끓인다.

4 쌀이 퍼지면 체에 한 번 내려서 먹인다.

cooking point 대추는 세 개로 아침을 대신한다는 옛말이 있을 정도로 농축된 영양 덩어리. 특히 나이아신은 신경을 편안하게 해 깊은 잠을 이루게 한다.

브로콜리미음

재료와 분량 | 브로콜리 10g, 쌀 10g, 물 1컵

1 브로콜리는 끓는 물에 넣어서 데쳐서 건져 다진다.
2 쌀은 물에 불려서 믹서에 물을 넣고 곱게 간다.
3 냄비에 ②의 쌀물을 붓고 브로콜리를 넣어서 나무주걱으로 잘 저어가면서 끓인다.
4 푹 무르도록 끓인 후 체에 한번 내려서 먹인다.

청경채미음

재료와 분량 | 청경채 10g, 쌀 10g, 물 1컵

1 쌀은 물에 불려서 믹서에 물을 넣고 곱게 간다.
2 청경채는 끓는 물에 데쳐서 곱게 다진다.
3 냄비에 ①의 쌀물을 붓고 청경채 다진 것을 넣어서 나무주걱으로 잘 저어가면서 끓인다.
4 푹 무르도록 끓인 후 체에 한 번 내려서 먹인다.

plus recipe

단호박미음

재료와 분량 | 단호박 15g, 쌀 10g, 물 1컵

1 쌀은 물에 불려서 믹서에 물을 넣고 곱게 간다.
2 단호박은 찜통에 쪄서 잘 으깬다.
3 냄비에 ①의 쌀물을 붓고 나무주걱으로 잘 저어가면서 끓인다. 끓으면 단호박 으깬 것을 넣어서 끓인다.
4 푹 무르도록 끓인 후 체에 한 번 내려서 먹인다.

시금치미음

재료와 분량 | 시금치 10g, 쌀 10g, 물 1컵

1 쌀은 물에 불려서 믹서에 물을 넣고 곱게 간다.
2 시금치는 끓는 물에 데쳐서 곱게 다진다.
3 냄비에 ①의 쌀물을 붓고 시금치 다진 것을 넣어서 나무주걱으로 잘 저어가면서 끓인다.
4 푹 무르도록 끓인 후 체에 한 번 내려서 먹인다.

밤단호박미음

재료와 분량 | 쌀 10g, 밤 1개, 단호박 10g, 물 1컵

1 쌀은 물에 불려서 분량의 물을 붓고 분쇄기에 곱게 간다.

2 밤은 찐 후 속을 파내어 잘 으깬다.

3 단호박은 씨를 파내고 껍질을 벗겨서 찜통에 찐 후 으깬다.

4 냄비에 ①의 쌀물을 부어서 나무주걱으로 고루 저어가며 끓인다.

5 ④에 밤과 단호박 으깬 것을 넣어서 끓인 다음 체에 한 번 걸러서 먹인다.

당근사과미음

재료와 분량 | 쌀 10g, 당근 10g, 사과 10g, 물 1컵

1 쌀은 물에 불려서 분량의 물을 붓고 함께 분쇄기에 곱게 간다.

2 당근과 사과는 각각 강판에 갈아서 준비를 한다.

3 냄비에 ①의 쌀물을 부어 끓인다. 여기에 당근 간 것을 넣어서 끓인다.

4 나무주걱으로 잘 저어가면서 끓인 후 마지막에 갈아놓은 사과를 넣어 살짝 끓여 체에 한 번 걸러서 먹인다.

시금치고구마미음

재료와 분량 | 쌀 10g, 시금치 10g, 고구마 10g, 물 1컵

1 쌀은 물에 불려서 분량의 물을 부어 분쇄기에 곱게 간다.

2 시금치는 끓는 물에 살짝 데쳐서 찬물에 헹구어 물기를 뺀 후 곱게 다진다.

3 고구마는 껍질을 벗겨서 찐 후 으깨서 준비를 한다.

4 냄비에 ①의 쌀물을 붓고 나무주걱으로 잘 저어가면서 끓인다.

5 ④에 고구마와 시금치를 넣어서 잘 섞고 쌀알이 퍼지도록 끓인 다음 체에 한 번 걸러서 먹인다.

타락죽

재료와 분량 | 찹쌀가루 1/2컵, 분유물 3컵(혹은 모유), 물 1컵

1 찹쌀은 물에 담가 불려 씻은 후 그늘에 말린다. 말린 찹쌀은 가루로 빻아서 비닐봉지에 넣어 냉장고에 두고 사용한다.

2 냄비에 한지를 깔고 찹쌀가루를 넣어 노릇노릇하게 볶은 다음 물에 개어 끓인다. 끓을 때 분유물을 넣고 약한 불로 끓인다.

감자배추미음

재료와 분량 | 불린 쌀 10g, 감자 10g, 배추 5g, 물 1컵

1 물에 충분히 불린 쌀을 믹서에 넣고, 쌀과 같은 분량의 물을 부어 곱게 간다.

2 감자는 잘게 썰고, 배추도 다지듯이 썬다.

3 냄비에 ①과 ②를 넣어서 푹 무르도록 나무주걱으로 저어가면서 끓인다.

4 다 끓으면 체에 한 번 거른 후 먹인다.

"아기들에겐 철분 섭취가 꼭 필요해요!"

이유식이란 4~6개월의 아기에게 고형식(solid food)을 먹이는 것을 말합니다. 젖을 뗀다는 의미의 이유식이란 말보다는 고형식이라는 표현이 더 정확합니다. 아기들은 씹어야 두뇌가 잘 발달하며, 어릴 때부터 삼키는 연습을 잘 해야 좋은 식습관이 들게 됩니다.

이유식은 쌀죽으로 시작하여 차차 다른 죽을 먹입니다. 이어서 야채를 추가하고, 그 다음으로 호박, 고구마 혹은 당근을 추가하며 마지막으로 고기를 먹입니다. 이유식은 한 번에 한 가지씩 첨가하고 적어도 2~3일의 간격을 두는 것이 좋으며, 가능하면 1~2주일마다 한 가지씩 첨가하는 것이 좋습니다. 이유식을 시작하고 2~3개월 후 쯤에는 하루에 3번 이유식을 하고 분유나 모유, 죽, 채소, 고기, 과일을 먹고 있어야 합니다. 이상은 절대적이 아닌 대체적 가이드라인이라고 보면 됩니다.

이유식을 제대로 하지 못하여 피의 재료가 되는 철분 부족으로 인해 철분 결핍성 빈혈이 있는 아기들이 의외로 많이 있습니다. 아기들은 태어날 때 이미 6개월분의 철분을 엄마로부터 공급받아 여분으로 간직하고 있습니다. 6개월이 지나면 이유식 등을 통해 모자라는 철분을 공급받아야 합니다. 물론 모유나 분유에도 철분이 들어 있지만 6개월이 지나면 그것만으로는 부족합니다.

아직도 유행처럼 많이 먹이고 있는 선식에는 철분이 부족하기 때문에 선식만을 이유식으로 먹이는 경우에는 빈혈이 생길 수 있습니다. 우유를 완전식품이라고도 하지만 철분이 부족한 대표적인 음식에 속합니다. 철분이 강화된 우유라 할지라도 그것만으로는 철분을 보충하기에 충분하지 않습니다. 또한 우유를 너무 많이 먹으면 철분이 들어 있는 다른 음식의 섭취가 줄어들어 빈혈을 일으킬 수 있습니다.

모유를 통한 철분의 흡수는 50%나 되어 생우유의 10%보다는 훨씬 더 좋습니다. 문제는 아기가 모유만 장기간 먹을 경우에는 절대적인 철분의 양이 부족하고, 다른 이유식을 먹음으로써 철분 흡수율이 감소한다는 데에 있습니다. 손실된 양만큼만 흡수하면 되는 성인과는 대조적으로, 소아는 철분 손실에 대한 보충뿐 아니라 성장에 필요한 철분이 더 많이 필요합니다. 따라서 꾸준히 철분 공급이 이루어지지 않으면 빈혈이 오기 쉽습니다. 그러므로 생후 4~6개월에 이유식을 제대로 시작하였는가, 그 후 철분이 강화된 식사를 하였는가, 흡수가 잘 되는 철분이 풍부한 고기나 생선이 정기적인 식사에 포함되어 있는지, 철분 흡수를 촉진시키는 비타민 C가 풍부한 음식이 포함되었는지 등에 관하여 체크할 필요가 있습니다. 빈혈이 있는 아기들은 별다른 증상을 보이지 않을 수도 있지만, 창백해지고 먹지 않고, 보채고 쉽게 피곤해 하는 등 성장하는 것에 문제가 있기 때문에 반드시 소아과의사로부터 식사에 대한 지도와 더불어 처방에 따른 방법으로 철분을 보충해 치료해 주어야 합니다.

양송이버섯미음

재료와 분량 | 쌀 10g, 양송이버섯 15g, 물 1컵

1 쌀은 물에 불려 물과 함께 믹서에 곱게 간다.

2 버섯은 곱게 다진다.

3 냄비에 쌀물을 붓고 다진 버섯을 넣고 끓인다.

4 나무주걱으로 고루 저어가면서 쌀이 푹 퍼지도록 끓인 다음 체에 한 번 걸러서 먹인다.

오이미음

재료와 분량 | 오이 10g, 쌀 10g, 쇠고기육수 1컵

1 쌀은 불려 믹서에 육수와 함께 넣고 곱게 간다.

2 오이는 껍질을 벗기고 곱게 간다.

3 냄비에 쌀물을 넣고 푹 끓인다.

4 오이를 넣고 한소끔 끓인다.

흑미미음

재료와 분량 | 흑미 10g, 물 1컵

1 흑미는 1~2시간 정도 충분히 불렸다가 물기를 빼고 분쇄기에 넣고 물을 부어 끓인다.

2 나무주걱으로 저어가며 쌀알이 푹 퍼지도록 끓여 체에 한 번 걸러서 먹인다.

7~9month

생후 6개월 이후에는 아기 몸에 있었던 무기질과 철분, 비타민이 없어지므로 식품을 통해 보충해야 합니다. 이유 중기에 좋은 단백질 식품으로는 달걀노른자 · 흰살 생선 · 다진 쇠고기 · 두부 등이 있는데 무조건 먹이기보다는 아기의 상태를 잘 살펴가면서 먹이는 것이 좋아요. 또한 견과류를 가루로 만들어두었다가 이유식 만들 때 조금씩 넣는 것도 좋습니다. 하지만 견과류는 너무 많이 넣지 않도록 하세요. 조금씩 뿌리는 정도가 적당합니다. 이유식에 사용하는 쌀을 매번 갈아서 사용하는 것이 번거로우면 적당한 양을 한꺼번에 갈았다가 사용하면 편리합니다. 이유식을 만들 때마다 쌀을 갈아 쓴다면 이유식 만드는 일이 정말 힘들게 느껴질 거예요. 한 번에 일주일 정도의 분량을 갈아서 밀폐용기에 보관하면 된답니다. 갈아놓은 쌀은 물론 냉동실에 보관하는 것이 좋고요.

현미표고버섯쇠고기죽

재료와 분량 | 쌀 10g, 현미 10g, 쇠고기 20g, 표고버섯 10g, 참기름 약간, 물 2컵

1 쌀과 현미는 불려서 믹서에 넣고 살짝 갈아 준비한다.

2 쇠고기는 살코기 부분으로 준비해서 간다.

3 표고버섯은 흐르는 물에 씻어 살짝 데쳐서 곱게 다진다.

4 냄비에 참기름을 약간 넣고 갈아놓은 쇠고기를 넣어서 볶고 버섯을 넣어서 볶는다.

5 ④에 갈아 준비한 쌀과 현미를 넣어서 볶다가 물을 붓고 끓인다.

6 끓으면 불을 줄여 쌀알이 퍼지도록 끓인다.

무배추죽

재료와 분량 | 쌀 20g, 배추 20g, 무 10g, 당근 10g, 느타리버섯 10g, 다시마육수 2컵

1 쌀은 믹서에 살짝 갈아서 준비한다.

2 배추 · 무 · 당근은 깨끗하게 손질해서 다지고, 느타리버섯도 곱게 다진다.

3 냄비에 참기름을 두르고 먼저 무와 당근을 넣고 볶다가 느타리버섯을 넣어서 같이 볶는다. 여기에 쌀을 넣고 다시마육수를 부어서 끓인다.

4 끓으면 배추를 넣고 쌀알이 푹 퍼지도록 익힌 후 깨를 뿌려서 먹인다.

찹쌀닭고기죽

재료와 분량 | 찹쌀 20g, 닭고기 20g, 대추 다진 것 5g, 참기름 약간, 물 2컵, 찹쌀가루 약간

1 찹쌀은 물에 불려두었다가 반쯤 갈아서 준비를 한다.

2 닭고기는 다진다.

3 냄비에 참기름을 두르고 닭고기를 넣어서 볶다가 간 찹쌀과 찹쌀가루를 넣고 조금 더 볶은 후 물을 붓고 끓인다.

4 ③에 대추 다진 것을 넣고 한소끔 끓여서 먹인다.

브로콜리달걀노른자푸딩

재료와 분량 | 달걀노른자 1개, 브로콜리 20g, 감자 20g, 분유물 2큰술

1 브로콜리는 끓는 물에 데쳐서 곱게 다진다.

2 감자는 삶아 으깨 준비한다.

3 볼에 달걀노른자와 분유물을 넣고 잘 섞은 후 여기에 으깬 감자와 브로콜리를 넣어 섞는다.

4 이것을 작은 컵에 담고 찜통에 넣어서 10분 정도 찐다.

호박씨가루미역죽

재료와 분량 | 쌀 20g, 불린 미역 10g, 호박씨가루 1/2작은술, 닭고기육수 2컵, 참기름 약간

1 물에 불린 쌀을 반쯤만 갈아 준비한다.

2 미역은 불려서 물에 여러 번 헹구고, 소금기를 뺀 후 곱게 다진다.

3 냄비에 참기름을 두르고 준비된 ①과 ②를 넣고 볶다가 물을 붓고 끓인다.

4 ③을 저어가면서 퍼지도록 끓이다가 호박씨가루를 넣고 다시 푹 끓여 먹인다.

cooking point 호박씨에는 필수지방산과 비타민 E가 풍부하다. 산패되기 쉬우니 반드시 밀봉해서 보관하고 사용 직전에 갈도록 한다.

야채두부죽

재료와 분량 | 연두부 1/2모, 시금치 · 당근 · 양파 약간씩, 멸치 20g

1 멸치는 내장을 빼고 물 2컵을 넣어 15분 정도 끓인 후 멸치는 건진다.

2 시금치는 소금을 넣고 데친다. 물기를 빼고 1cm 길이로 자른다. 당근은 잘게 썰고 양파는 같은 크기로 썬다.

3 ①의 국물에 양파, 당근을 넣어 끓인다. 야채가 익으면 연두부와 시금치를 넣고 끓인다.

으깬 감자간샐러드

재료와 분량 | 감자 1/2개, 간 30g, 우유, 대파, 마늘, 통후추, 플레인요구르트 1큰술, 우유 1큰술

1 간은 소금으로 문질러 막을 벗겨내고 씻어 우유에 담갔다가 대파와 마늘, 통후추를 넣고 물에 삶은 후 다진다.

2 감자는 껍질을 벗기고 삶아 으깬다.

3 볼에 ②와 ③을 담고 플레인요구르트, 우유를 넣고 버무린다.

두부시금치죽

재료와 분량 | 불린 쌀 10g, 현미 10g, 물 2컵, 연두부 10g, 시금치 10g, 달걀노른자 1작은술

1 쌀과 현미는 깨끗하게 씻어서 30분 정도 불린 다음 건져 반 정도만 갈리도록 믹서에 간다.

2 시금치는 데쳐서 다지고, 두부는 끓는 물에 데쳐서 으깨 준비한다.

3 냄비에 ①을 넣고 물을 부어서 끓인다.

4 쌀알이 퍼지면 준비된 ②를 넣고 끓인다.

5 마지막에 달걀노른자를 넣어서 한 번 익힌 후 먹인다.

브로콜리단호박죽

재료와 분량 | 쌀 20g, 단호박 20g, 브로콜리 10g, 감자 10g, 다시마육수 2컵

1 쌀은 믹서에 살짝 갈아서 준비한다.

2 단호박은 찜통에 찐 후 속을 파서 준비한다.

3 브로콜리는 끓는 물에 살짝 데친 후 건져 다진다.

4 감자는 다지듯이 잘게 썬다.

5 냄비에 쌀과 감자를 넣고 다시마육수를 붓고 끓인다.

6 ⑤가 끓으면 불을 줄이고 쌀알이 퍼지도록 끓인다.

7 ⑥에 준비된 단호박과 브로콜리를 넣고 한소끔 더 끓인 후 먹인다.

단감단호박죽

재료와 분량 | 쌀 20g, 단감 10g, 단호박 10g, 다시마육수 2컵

1 쌀은 물에 불려서 체에 건져 물기를 뺀 후 반쯤 갈아 준비를 한다.

2 단감은 껍질을 벗겨서 다진다.

3 단호박은 내열용기에 담아서 전자레인지에 2분 정도 익힌 다음 잘 으깬다.

4 냄비에 쌀과 다시마육수를 넣고 나무주걱으로 잘 저어가면서 끓인다.

5 여기에 단호박과 단감을 넣어서 끓인다. 끓으면 불을 줄여서 쌀이 퍼지도록 끓인다.

건새우미역죽

재료와 분량 | 건새우 5g, 불린 미역 10g, 참기름 1큰술, 밥 1큰술, 물 $1\frac{1}{2}$컵

1 미역은 물에 담가 거품이 없어질 때까지 깨끗하게 헹군다. 건져서 물기를 뺀 다음 잘게 썬다.

2 건새우는 분쇄기에 곱게 간다.

3 냄비에 참기름을 두르고 미역을 볶다가 밥과 물을 붓고 끓인다. 팔팔 끓을 때 새우 간 것을 넣고 조금 더 끓여 완성한다.

쇠고기잣죽

재료와 분량 | 쌀 10g, 현미 10g, 다진 쇠고기 10g, 잣 10g, 물 2컵, 참기름 약간

1 쌀과 현미는 물에 불려서 믹서에 반쯤 갈아 준비한다.

2 잣은 고깔을 떼어내고 곱게 다진다.

3 쇠고기는 곱게 다져서 준비한다.

4 냄비에 참기름을 두르고 쇠고기를 넣어 볶다가 갈아놓은 쌀을 넣고 다시 볶는다. 여기에 물을 붓고 끓인다.

5 ④를 계속 저어가면서 푹 퍼지도록 끓인다. 여기에 잣을 넣고 다시 푹 끓여서 먹인다.

cooking point 잣은 몸에 좋은 필수지방산이 풍부한 식품. 열량이 높아 성장기 에너지 보충에도 효과적이다.

"아직 간은 하지 마세요! 이유식은 하루 2회로 늘리세요."

한비는 10시와 2시에 먹였어요

중기에는 달걀노른자나 두부 등 단백질 식품을 먹일 수 있습니다. 중기 때 한비가 부쩍 크고 있다는 생각이 들어서 단백질을 많이 먹였습니다. 또 곡류를 골고루 먹으면 면역력이 키워진다고 하여 쌀 외에 현미도 같이 넣어서 만들었습니다. 한비가 가끔씩 안 먹으려고 하면 죽을 끓이는 마지막에 치즈를 녹여서 먹게 했는데 치즈의 간이 약간 배어서 그런지 좀더 잘 먹었어요. 이유식은 간을 하지 않고 먹이는 것이 좋답니다.

잇몸이 가려워 자꾸만 씹고 싶어해요

이유 중기에는 하루에 두 번 이유식을 먹입니다. 이 시기부터는 가려운 잇몸 때문에 뭐든지 씹으려고 합니다. 그래서 살짝 씹힐 정도로 이유식을 만들어 주는 것이 좋습니다. 한비는 초기 이유식을 순조롭게 잘 통과해서 별문제 없이 중기 단계를 시작할 수 있었지만 간혹 중기로 넘어오면서 음식을 그냥 뱉어내는 아기도 있습니다. 이럴 때는 엄마가 '냠냠냠' 하면서 맛있게 먹는 시늉도 하고, 다양한 재료로 맛있는 이유식을 만들어 줘야 합니다.

한비가 변비에 걸렸어요

배추에는 수분이 많고 섬유질도 풍부해서 이유식을 만들기에 아주 좋습니다. 이유 초기에 변비에 걸렸다면 배추 미음을 끓여서 먹이면 좋습니다. 배추는 침의 분비를 좋게 해서 소화를 돕는다고 하기에 한비에게 많이 먹였습니다. 이제 두 돌이 지난 한비는 배추를 좋아해 지금은 배추쌈까지도 먹는답니다. 아기 때부터 먹여온 결과겠죠. 브로콜리는 한비가 제일 많이 먹었던 채소 중 하나입니다. 브로콜리의 좋은 점은 너무도 많은데, 변비에 좋을 뿐 아니라 면역력을 키우는 데도 좋아 아주 많이 먹였습니다.

단백질 섭취량을 늘려주세요!

이유 중기에는 이유식을 하루에 두 번 먹입니다. 재료들은 아기의 혀로도 충분히 으깨질 수 있을 정도로 부드럽게 만들어서 먹이는 것이 좋습니다. 이 시기에는 단백질 섭취량을 늘리는 것이 좋아요. 단, 단백질은 알레르기를 일으킬 위험이 크므로 알레르기 반응을 보이는 아기들이라면 섭취 시기를 약간 늦추도록 하세요.

미역은 아주 곱게 다져야

미역은 칼슘과 칼륨, 요오드가 풍부해서 아기들에게 정말 좋은 식품입니다. 변비에도 정말 좋고요. 한비는 미역국을 좋아해서 이런 방법으로도 이유식을 만들어 먹였답니다. 우선 간을 하지 않은 상태로 미역국을 끓이고, 한비가 먹을 양만큼의 미역과 쇠고기를 건져 곱게 갈아 냄비에 담고 여기에 미역국 국물과 곱게 간 쌀을 넣어서 죽을 끓이는 방법입니다. 남은 미역국에는 간을 해서 엄마 아빠가 먹으면 되고요. 아기는 생후 6개월이 되면 곱게 다진 미역 정도는 먹을 수 있습니다. 그래서 돌 전후의 시기에 있는 아기들은 미역국에 밥을 말아서 먹여도 좋아요. 미역은 충분히 물에 불려두었다가 박박 주물러 깨끗하게 씻어서 곱게 다진 다음 이유식을 만들어야 합니다. 미역 대신 칼슘이 풍부한 근대와 아욱으로 해도 좋습니다. 미역보다는 약간 질기므로 정말 곱게 다져야 합니다.

알레르기 반응이 있을지 몰라요!

초기에서 중기로 넘어갈 때 바로 미음에서 죽으로 넘어가게 되면 아기가 처음에는 뱉어낼 수도 있습니다. 쌀알의 크기를 갑자기 바꾸지 말고, 입자를 조금씩 굵게 만들어 먹여 아이에게 적응 시간을 주는 것이 좋답니다. 이때는 이가 없어도 혀와 잇몸의 힘으로 이유식을 먹습니다. 국수나 빵 같은 밀가루 음식은 알레르기 반응을 잘 일으키므로 아토피가 있거나 좀 민감한 아이라면 주의해서 이유식을 만들어야겠지요.

외출 시에 이유식은 반드시 챙기세요

이유식을 먹일 때는 외출 시에도 미리 만들어 챙겨 나가는 버릇을 들이는 것이 좋아요. 중기에는 2번 정도 이유식을 먹이니까 어른들이 밥을 먹듯이 제 시간에 먹이는 것이 좋습니다. 용기는 유리 제품이 좋습니다. 주스병이나 잼병 등을 깨끗이 씻어 재활용하면 좋습니다.

생다시마당근죽

재료와 분량 | 쌀20g, 생다시마 10g, 당근 10g, 다시마육수 2컵, 참기름 약간

1 쌀은 불려서 물기를 뺀 후 반쯤 갈아서 준비를 한다.

2 다시마는 끓는 물에 데쳐서 물기를 뺀 후 아주 곱게 다진다.

3 당근도 다져서 준비를 한다.

4 냄비에 참기름을 두르고 쌀을 넣어서 볶다가 다시마육수를 붓고 끓인다.

5 ④에 다진 다시마와 당근을 넣고 끓이다가 불을 줄여서 죽이 퍼지도록 끓인다.

오이깨죽

재료와 분량 | 쌀 20g, 오이 15g, 흰살 생선 10g, 양파 10g, 깨 10g, 물 2컵, 대파 채썬 것 아주 약간

1 쌀은 물에 불려서 체에 걸러서 물기를 뺀 후 깨와 함께 분쇄기에 넣고 반쯤 간다.

2 양파는 다지고, 흰살 생선은 대파 채썬 것을 얹어 전자레인지에 넣고 익혀서 살을 발라낸다.

3 오이는 다진다.

4 ①과 물 2컵을 냄비에 담고 죽을 끓인다. 여기에 양파와 오이, 흰살 생선을 넣어서 끓인다.

호두야채죽

재료와 분량 | 쌀 20g, 호두 1개, 양파 10g, 애호박 10g, 분유물 2컵, 참기름 약간

1 쌀은 물에 불려서 체에 밭쳐 물기를 빼고 믹서에 넣고 반쯤 갈아서 준비를 한다.

2 호두는 아주 곱게 다진다.

3 양파와 애호박은 곱게 다진다.

4 냄비에 참기름을 두르고 쌀을 넣어서 볶다가 야채를 넣고 볶은 후 분유물을 부어서 끓인다.

5 ④에 곱게 다진 호두를 넣고 쌀이 충분히 퍼지도록 끓여서 먹인다.

흑임자양파죽

재료와 분량 | 쌀 20g, 흑임자 간 것 1큰술, 양파 10g, 물 2컵

1 쌀은 물에 불려 체에 건져서 반쯤 갈아서 준비를 한다.

2 양파는 다진다.

3 냄비에 쌀과 양파, 물을 붓고 끓인다.

4 나무주걱으로 잘 저어가면서 끓이다가 흑임자가루를 넣는다. 쌀알이 퍼지도록 끓여서 먹는다.

cooking point 검은색 참깨인 흑임자는 흰색 참깨보다 면역 증진 효과가 더 뛰어나다. 껍질이 단단하므로 흡수율을 높이기 위해서는 반드시 갈아서 사용할 것.

옥수수애호박죽

재료와 분량 | 쌀 20g, 옥수수 20g, 애호박 10g, 물 2컵

1 쌀은 불려서 믹서에 넣고 반쯤 갈아 준비한다.

2 옥수수는 물을 붓고 믹서에 곱게 간다.

3 애호박은 다진다.

4 냄비에 갈아둔 쌀과 ②의 옥수수물을 넣고 쌀알이 잘 퍼지도록 저어가면서 끓인다.

5 여기에 다진 애호박을 넣고 야채가 익을 때까지 무르게 끓여 먹인다.

으깬 과일샐러드

재료와 분량 | 바나나 1/3개, 키위 1/2개, 플레인요구르트 1 큰술

1 바나나와 키위는 으깬다.
2 플레인요구르트를 넣고 섞어 드레싱을 만든다.
3 접시에 ①을 담고 ②를 끼얹는다.

느타리버섯미역죽

재료와 분량 | 불린 쌀 20g, 불린 미역 5g, 느타리버섯 10g, 다진 쇠고기 20g, 물 2컵, 참기름 약간

1 쌀을 불려두었다가 반 정도만 갈리도록 믹서에 간다.
2 불린 미역과 느타리버섯은 곱게 다진다.
3 냄비에 참기름을 두르고 쇠고기를 넣어서 볶다가 ②를 넣고 잘 볶는다. 여기에 간 쌀과 물을 붓고 끓인다.
4 끓으면 불을 줄이고 쌀알이 퍼지도록 끓인 후 먹인다.

귤감자찜

재료와 분량 | 감자 20g, 귤 10g, 달걀노른자 1개, 사과 간 것 10g, 분유물 10㎖, 시금치 10g

1 귤은 속껍질을 벗겨서 알맹이만 준비해서 그릇에 넣고 잘 으깬다.

2 감자는 삶아서 으깨고, 시금치는 데쳐서 다진다.

3 볼에 분유물을 넣고, 달걀노른자를 넣어서 잘 섞는다.

4 ③에 감자와 귤 으깬 것, 시금치 다진 것을 넣어서 잘 섞는다.

5 틀에 ④를 넣고, 찜통에 10분 정도 찐 다음 먹인다.

cooking point 야채를 익힐 때 전자레인지를 이용하면 삶거나 데치는 것보다 비타민 손실을 줄일 수 있다.

흰살 생선깨가루죽

재료와 분량 | 쌀 20g, 흰살 생선 20g, 애호박 10g, 깨가루 1/3작은술, 참기름 약간, 멸치맛국물 2컵

1 쌀은 물에 불려서 믹서에 반쯤 갈아 준비한다.

2 흰살 생선은 곱게 다지고, 애호박도 다져서 준비한다.

3 냄비에 ①을 넣고, 멸치맛국물을 붓고 끓인다.

4 팔팔 끓으면 ②를 넣고 쌀이 푹 퍼질 때까지 끓여서 먹인다.

cooking point 명태나 대구 등 흰살 생선은 알레르기가 거의 없기 때문에 이유기 단백질 공급원으로 적합하다. 조직이 부드러워 육류보다 소화도 잘 된다.

옥수수고구마죽

재료와 분량 | 쌀 20g, 옥수수 10g, 삶은 고구마 20g, 땅콩가루 1작은술, 물 2컵, 올리브유 약간

1 쌀은 물에 불려서 체에 걸러 물기를 뺀 후 반쯤 갈아서 준비를 한다.

2 옥수수는 찐 후 알알이 떼어서 다진다.

3 고구마는 으깨서 준비를 한다.

4 냄비에 올리브유를 두르고 옥수수를 넣어서 볶다가 쌀을 넣고 물을 부어서 끓인다.

5 ④에 고구마 으깬 것을 넣고 쌀이 푹 퍼지도록 충분히 끓인다.

6 ⑤에 땅콩가루를 뿌려서 먹인다.

사과당근죽

재료와 분량 | 사과 10g, 당근 10g, 쌀 20g, 분유물 2컵, 올리브유 약간

1 쌀은 물에 불려서 체에 걸러 물기를 뺀 후 반쯤 갈아서 준비를 한다.

2 사과와 당근은 껍질을 벗겨서 다진다.

3 냄비에 올리브유를 두르고 당근을 넣어서 볶다가 쌀을 넣고 분유물을 부어서 끓인다.

4 끓으면 사과를 넣고 푹 무르도록 익혀서 먹인다.

cooking point 올리브유의 지방산인 올레산은 심장질환 예방 효과가 뛰어나고, 각종 항산화물질이 암을 예방한다.

쌀암죽

재료와 분량 | 볶은 멥쌀가루 1/4컵, 물 3컵

1 멥쌀은 불려 찜통에 쪄서 햇빛에 말린 후 살짝 볶는다.

2 볶은 멥쌀을 분쇄기로 곱게 가루를 낸다.

3 멥쌀가루를 1컵 분량의 물에 개어 놓는다.

4 남은 분량의 물을 끓이다가 개어 놓은 멥쌀가루를 넣고 나무주걱으로 고루 저어가며 끓인다.

"해독 작용이 뛰어난 북어국, 아기에도 좋아요"

치아도 없는 아기들이 이유식을 제대로 먹을 수 있을까 걱정하는 분들이 많은데, 걱정하지 마세요. 잇몸과 혀의 힘만으로도 어느 정도의 알갱이가 있는 중기 이유식 정도는 충분히 먹을 수 있답니다. 그렇다고 초기의 묽은 미음에서 건더기가 있는 중기 이유식으로 바로 넘어가게 되면 아기가 뱉어낼 수도 있으므로 점차적으로 바꿔 주는 것이 좋겠지요.

이유식이 중기로 넘어가면 하루에 두 번으로 횟수를 늘립니다. 시간대는 크게 상관없지만 오전에 한 번(10시 정도), 오후에 한 번(2시 정도)이 좋으며 한번 정한 시간은 변경하지 않는 것이 좋습니다. 아기가 이유식을 처음 시작할 때는 그냥 꿀꺽 삼키는 정도였다가 차츰 혀로 오물오물 으깨 먹으려 한답니다. 그렇다고 갑자기 단단한 것을 먹이는 것은 무리고요, 처음에는 되직할 정도로 시작해서 부드러운 덩어리가 있는 상태로 먹이면 좋습니다. 야채는 으깨고, 고기는 잘게 다져줍니다.

특히 과일이나 야채의 단단한 섬유질은 제거하고, 생선의 뼈도 모두 제거하는 것이 좋습니다. 이 시기가 되면 아기들이 먹을 수 있는 음식이 다양해지므로 탄수화물, 단백질, 비타민 등을 골고루 섭취할 수 있도록 해야 합니다.

성장 발육이 활발하게 이루어지는 시기이므로 이유식을 먹일 때는 탄수화물, 단백질, 비타민을 고루 섭취하도록 하는 것이 좋습니다.

일주일 식단을 정해 이틀씩 탄수화물, 단백질, 비타민군으로 메뉴를 짜서 먹이도록 합니다. 단백질군을 먹인다고 하더라도 쇠고기만 계속 먹일 것이 아니라 흰살 생선, 달걀노른자, 두부 등 음식의 종류를 바꿔가면서 주도록 하세요.

해독 작용이 탁월한 북어국을 소개해드릴게요.

아기들을 위한 북어국을 끓일 때는 반드시 방부제나 화학성분이 없는 집간장을 사용해야 합니다. 살만 발라서 끓이는 것이 아니라 머리와 꼬리를 다 넣고 끓여야 하고요. 소금간도 필요 없고 집간장만 사용해서 무나 달걀을 넣고 푹 끓여 먹이면 아주 좋습니다. 무엇보다 가장 중요한 북어국의 효능으로 해독 작용을 들 수 있습니다. 몸이 원치 않는 것을 모른 채 몸에 맞지 않는 식품을 섭취하면 어떠한 방식으로든 우리 몸에 안 좋은 반응이 오죠. 이런 반응을 다시 정상적으로 돌려놓는 해독 작용을 해주는 음식이 바로 북어국입니다. 새집증후군으로 인한 증상이나 가벼운 스트레스에도 매우 좋습니다. 해독을 위한 전통적인 민간요법인 북어국. 우리 조상들의 뛰어난 지혜를 다시 한 번 느낄 수 있는 훌륭한 음식이랍니다.

홍시죽

재료와 분량 | 쌀 20g, 홍시 15g, 야채육수 2컵

1 쌀은 물에 불려두었다가 반쯤 갈아서 준비한다.
2 홍시는 껍질을 벗겨 씨를 발라내고 속만 준비한다.
3 냄비에 쌀을 넣고 야채육수를 부어서 끓인다.
4 끓으면 불을 줄여서 쌀알이 퍼지도록 끓이다가 홍시를 넣고 한소끔 끓여서 먹인다.

멸치국물굴죽

재료와 분량 | 밥 1큰술, 굴 30g, 맛국물용 멸치 3마리, 다시마 3cm

1 멸치는 내장을 빼고 다시마는 물에 헹군다. 냄비에 물 2컵을 함께 넣어 15분 정도 끓인다.

2 ①을 면보에 밭쳐 맑은 국물을 낸다.

3 냄비에 ②와 밥을 넣고 밥알이 푹 퍼지도록 끓이다 마지막에 굴을 넣고 잠깐 끓인다. 불을 끄고 그릇에 담는다.

cooking point 굴은 질 좋은 단백질이 풍부할 뿐 아니라 철분과 아연이 많이 들어 있다. 철분은 빈혈 예방에 도움이 되고 아연은 성장을 촉진시켜준다.

완두콩을 넣은 감자찜

재료와 분량 | 완두콩 10g, 감자 30g, 달걀노른자 1개, 물 1작은술

1 완두콩은 끓는 물에 데쳐서 껍질은 버리고 잘 으깬다.

2 감자는 껍질을 벗기고 삶아서 으깬다.

3 볼에 으깬 감자와 완두를 넣고 달걀노른자, 물을 넣고 잘 섞는다.

4 틀에 ③을 넣고 찜통에 5분 정도 찐 후 먹인다.

으깬 해물샐러드

재료와 분량 | 보리새우 5마리, 흰살 생선 30g, 마요네즈 1/2큰술, 설탕 약간

1 보리새우는 등쪽의 내장을 제거한다. 끓는 물에 소금을 넣고 데쳐서 껍데기를 벗긴다.

2 흰살 생선을 끓는 물에 소금을 넣고 익혀 물기를 뺀다.

3 ①과 ②를 잘게 다져서 볼에 담고 마요네즈와 설탕을 넣어 버무린다.

고기국물야채죽

재료와 분량 | 밥 1큰술, 당근 1/4개, 호박 1/4개, 양파 1/4개, 쇠고기육수 3/4컵(양지머리, 대파, 마늘)

1 재료를 넣고 육수를 끓여 면보에 걸러 맑은 육수로 준비한다.

2 당근, 호박, 양파는 잘게 썬다.

3 냄비에 야채와 육수를 넣고 끓인다. 밥을 넣고 끓이다가 밥알이 푹 퍼지면 불에서 내려 식힌 후 먹인다.

브로콜리쇠고기죽

재료와 분량 | 브로콜리 10g, 쇠고기 15g, 쌀 반 정도 간 것 20g, 물 2컵, 참기름 약간

1 쌀은 물에 불려서 분쇄기를 이용해서 반 정도 갈아서 준비를 한다.

2 브로콜리를 데친 후 찬물에 헹궈 다진다.

3 냄비에 참기름을 약간 두르고 쇠고기는 다져 넣어서 잘 볶다가 쌀을 넣어서 잘 볶는다.

4 ③에 물을 붓고 나무주걱으로 잘 저어가면서 끓인다.

5 끓으면 불을 줄여서 브로콜리 데친 것을 넣어서 죽이 퍼지도록 끓인 후 먹인다.

당근청경채죽

재료와 분량 | 당근 10g, 청경채 15g, 쌀 반 정도 간 것 20g, 쇠고기육수 2컵

1 당근은 다지고, 청경채는 끓는 물에 데쳐 찬물에 헹궈서 물기를 뺀 후 곱게 다진다.

2 냄비에 쌀 간 것과 당근을 넣고 쇠고기육수를 넣어서 끓인다.

3 나무주걱으로 잘 저어가면서 끓인다.

4 ③에 청경채를 넣고 죽이 퍼지도록 끓인 후 먹인다.

plus recipe

감자연두부죽

재료와 분량 | 감자 15g, 연두부 10g, 쌀 반 정도 간 것 20g, 쇠고기육수 2컵

1 감자는 다진다.

2 연두부는 그릇에 떠서 수저로 으깬다.

3 냄비에 참기름을 두르고 감자를 넣어서 잘 볶다가 여기에 쌀을 넣고 볶는다.

4 ③에 쇠고기육수를 부어서 쌀알이 잘 퍼지도록 끓인다.

5 ④에 연두부를 넣고 죽이 푹 퍼지도록 끓인 후 먹인다.

양배추생선죽

재료와 분량 | 양배추 10g, 흰살 생선 20g, 쌀 반 정도 간 것 20g, 다시마육수 2컵, 참기름약간

1 흰살 생선은 찜통에 쪄서 살만 발라서 준비를 한다.

2 양배추는 다져서 준비를 한다.

3 냄비에 참기름을 두르고 양배추를 넣어서 잘 볶다가 쌀을 넣고 잘 볶는다.

4 ④에 다시마육수를 붓고 나무주걱으로 잘 저어가면서 끓인다.

5 끓으면 불을 줄여서 생선을 넣고 죽이 퍼지도록 끓여서 먹인다.

양송이버섯김죽

재료와 분량 | 쌀 20g, 양송이버섯 20g, 김 1/4장, 멸치맛국물 2컵

1 쌀은 불려서 반쯤 갈아 준비한다.

2 김은 불에 한 번 구워서 비닐에 넣어 잘게 부순다.

3 양송이버섯은 껍질을 벗기고 잘게 다진다.

4 냄비에 쌀을 넣고 멸치맛국물을 부어서 끓인 뒤 버섯을 넣고 끓인다.

5 끓으면 불을 줄여서 쌀알이 푹 퍼지도록 끓인다.

6 김을 넣고 한소끔 끓여서 먹인다.

cooking point 양송이버섯은 면역력을 증진시킨다. 버섯 특유의 향이 강하지 않아 이유 초기에 적당하다. 그러나 양송이버섯은 철분은 부족. 고기 간 것을 첨가해 주면 철분이 풍부한 이유식이 된다.

고구마영양죽

재료와 분량 | 쌀 20g, 고구마 20g, 볶은 호박씨가루 1/2작은술, 물 2컵

1 쌀은 물에 불려서 믹서에 반쯤 갈아 준비한다.

2 고구마는 껍질을 벗겨서 다진다.

3 냄비에 ①을 넣고 물을 붓고 끓으면 고구마를 넣어서 다시 한 번 끓인다. 여기에 호박씨가루를 넣어서 끓인다.

4 쌀알이 푹 퍼질 때까지 끓여서 먹인다.

양상추치즈죽

재료와 분량 | 쌀 20g, 양상추 10g, 어린이 칼슘치즈 1/4장, 멸치맛국물 2컵, 참기름 약간

1 쌀은 불려서 반쯤 갈아서 준비한다.

2 양상추는 잘게 다지듯이 썰어서 준비하고 치즈도 다진다.

3 냄비에 참기름을 두르고 ①의 쌀을 넣어서 볶다가 멸치맛국물을 부어서 끓인다.

4 ③이 끓으면 불을 줄여서 푹 퍼지도록 끓인다.

5 여기에 ②의 양상추를 넣고 한소끔 끓인 후 다진 치즈를 넣어서 먹인다.

쌀호박죽

재료와 분량 | 쌀 1큰술, 단호박 150g, 물 1컵

1 쌀은 3시간 정도 충분히 불려 믹서에 넣어 간다.

2 단호박은 껍질을 벗겨 쪄서 으깬다.

3 쌀알이 부드럽게 퍼질 때까지 끓인 다음 단호박을 넣어 끓인다.

부추죽

재료와 분량 | 쌀 20g, 부추 15g, 멸치맛국물 2컵

1 쌀은 물에 불려두었다가 반쯤 갈아서 준비한다.

2 부추는 깨끗하게 손질해서 잘게 다지듯이 송송 썰어서 준비한다.

3 냄비에 쌀과 멸치맛국물을 넣어서 끓인다. 끓으면 불을 줄이고 부추를 넣어서 끓인다.

4 쌀알이 충분히 퍼지도록 나무주걱으로 잘 저어가면서 끓여서 먹인다.

cooking point 부추는 한방에서 원기를 돋우는 약으로 처방할 정도로 활력을 주는 식품이다. 암을 예방하는 효과 또한 입증되었다.

으깬 야채샐러드

재료와 분량 | 감자 60g, 당근 20g, 마요네즈 1큰술, 설탕 약간

1 감자와 당근을 씻어서 껍질을 벗긴다. 애호박도 씻어서 도톰하게 썰어 모두 함께 삶는다.

2 삶은 야채를 볼에 넣어 으깬다. 마요네즈와 설탕을 넣어 버무린다.

흰살생선오이죽

재료와 분량 | 쌀 20g, 흰살 생선 20g, 오이 10g, 당근 10g, 멸치맛국물 2컵, 깨가루 약간

1 쌀은 물에 불려서 믹서로 반쯤 갈아서 준비한다.

2 흰살 생선은 잘게 다진다.

3 오이와 당근은 껍질을 벗겨서 다진다.

4 냄비에 참기름을 두르고 다진 오이와 당근을 넣어서 볶다가 준비한 쌀을 넣고 볶는다.

5 ④에 멸치맛국물을 붓고 저어가면서 끓인다. 끓으면 흰살 생선을 넣고 다시 한 번 끓인다.

6 쌀이 푹 퍼지면 깨가루를 뿌려서 먹인다.

당근무죽

재료와 분량 | 당근 15g, 무 15g, 쌀 20g, 다시마육수 2컵, 배추 흰 부분 10g, 참기름 약간

1 쌀은 물에 불려서 분쇄기에 반쯤 갈아 준비한다.

2 무와 당근은 곱게 다져서 준비하고, 깨끗이 손질한 배추는 곱게 다진다.

3 냄비에 참기름을 두르고 쌀을 넣어 볶다가 무와 당근을 넣고 잘 볶는다. 여기에 다시마육수를 넣고 재료가 푹 익도록 끓인다.

4 ③이 끓으면 배추를 넣고 다시 푹 끓인 후 먹인다.

찹쌀미숫가루죽

재료와 분량 | 찹쌀미숫가루 3큰술, 물 1컵

1 찹쌀을 2시간 정도 불려 찜통에 면보를 깔고 찐다.
2 소쿠리에 찐 밥을 담고 바람이 잘 통하는 곳에서 뒤집어 가며 바싹 말린다.
3 말린 찹쌀은 볶은 후 곱게 빻아 미숫가루를 만든다.
4 미숫가루를 물에 고루 섞어 먹인다.

치즈죽

재료와 분량 | 밥 1큰술, 물 3/4컵, 치즈 1/2장

1 냄비에 밥과 물을 넣고 끓인다.
2 밥알이 퍼지면 치즈를 넣고 잠깐 끓여 낸다.

떡암죽

재료와 분량 | 백설기 50g, 물 2컵

1 백설기는 물에 담가 부드럽게 한다.

2 냄비에 물과 함께 넣어 약한 불에서 끓인다.

3 끓은 다음 체에 한 번 걸러서 먹인다.

고구마죽

재료와 분량 | 고구마(大) 1개, 불린 쌀 1/4컵, 물 $2\frac{1}{2}$컵

1 쌀은 분쇄기로 곱게 갈아 체에 밭친다.

2 고구마는 쪄서 으깨 체에 밭친다.

3 간 쌀과 으깬 고구마, 분량의 물을 넣고 나무주걱으로 고루 저으면서 쌀알이 푹 퍼지도록 끓인다.

매실죽

재료와 분량 | 쌀 20g, 매실즙 2큰술, 물 2컵, 호두가루 약간

1 쌀은 불려서 반쯤 갈아 준비를 한다.

2 냄비에 쌀을 넣고 물을 부어서 끓인다. 끓으면 불을 줄여서 쌀알이 퍼지도록 끓인다.

3 ②의 죽이 거의 완성되면 매실즙을 넣어서 한소끔 끓이고 호두가루를 뿌려서 먹인다.

10~12month

후기에는 제법 단단해진 잇몸으로 음식을 씹어 먹을 수 있으므로 좀 단단하게 만드는 것이 좋습니다. 죽을 되게 쑤어서 먹이거나 진밥을 먹이는 것도 좋고요. 이때 이유식은 손가락으로 힘을 주어서 으깰 수 있는 상태가 가장 좋습니다. 후기에는 하루에 3번 이유식을 먹여야 하는 시기랍니다. 육류의 양을 조금씩 늘리고 밀가루 음식도 먹일 수 있습니다. 이 시기에는 단백질을 듬뿍 먹여서 쑥쑥 자라게 하는 것이 좋습니다. 이유식을 만들 때 두부나 생선을 많이 넣어서 만들어 주세요. 이 시기에는 아직 아기들의 위장이 약해 소화력이 떨어집니다. 게다가 섬유질을 분해하는 효소가 없어서 섬유질이 많은 야채들은 그대로 변으로 나옵니다. 그래서 밥보다는 좀더 무르게 만들고, 재료는 썰어 크기를 줄여주세요.

표고버섯두부찜

재료와 분량 | 표고버섯 1/2개, 당근10g, 불린 미역 10g, 두부 50g, 녹말가루 1작은술, 다시마육수 1/4컵

1 미역은 찬물에 담가 불린 다음 곱게 다진다.

2 표고버섯과 당근도 곱게 다진다.

3 두부는 칼등으로 잘 으깨서 볼에 담고 다진 야채와 녹말가루를 넣어 고루 버무린다.

4 볼에 ③의 반죽을 담고 찜통에 넣어서 5분 정도 찐 후 그릇에 옮겨 담고 다시마육수를 부어서 먹인다.

멸치가루영양무른밥

재료와 분량 | 진밥 40g, 멸치가루 1작은술, 다진 쇠고기 15g, 당근 10g, 표고버섯 10g, 참기름 약간, 쇠고기육수 1/2컵, 다진 호두 약간

1 당근과 표고버섯은 아기가 먹기 좋은 크기로 썬다.

2 프라이팬에 기름을 두르고 쇠고기를 넣어서 먼저 볶다가 당근과 표고버섯을 넣어서 볶는다.

3 ②에 진밥을 넣고 육수를 부어서 자작하게 끓인다. 여기에 멸치가루를 넣어서 고루 섞은 후 다진 호두를 뿌린다.

파래무른밥

재료와 분량 | 밥 40g, 파래 20g, 양상추 10g, 멸치맛국물 1/2컵, 참기름 약간, 깨가루 약간

1 파래는 물에 깨끗하게 씻어서 물기를 뺀 후 잘게 썬다.

2 양상추도 깨끗하게 씻어서 물기를 뺀 후에 잘게 썬다.

3 팬에 참기름을 두르고 파래를 넣어서 볶다가 양상추를 넣고 볶는다.

4 ③에 밥을 넣어서 잘 볶다가 멸치맛국물을 붓고 밥알이 퍼지도록 끓인다.

5 ④에 깨가루를 뿌려서 먹인다.

당근닭살무른밥

재료와 분량 | 밥 40g, 당근 10g, 닭가슴살 10g, 두부 10g, 닭고기육수 1/2컵, 참기름 약간

1 닭고기는 가슴살로 준비해서 곱게 다진다.

2 당근은 잘게 썰고, 두부는 끓는 물에 데친 후 찬물에 헹궈서 잘게 썬다.

3 프라이팬에 참기름을 두르고 준비한 당근과 닭고기를 넣어서 잘 볶는다.

4 여기에 밥과 닭고기육수를 부어 끓인다.

5 마지막으로 두부 썬 것을 넣고 푹 끓인 후 먹인다.

시금치닭고기무른밥

재료와 분량 | 밥 40g, 시금치 20g, 닭고기가슴살 20g, 참기름 약간, 닭고기육수 1/2컵, 흑임자 약간

1 시금치는 끓는 물에 파랗게 데쳐서 찬물에 헹궈 물기를 뺀 후 다진다.

2 닭고기는 아기가 먹기 좋게 다진다.

3 팬에 참기름을 두르고 닭고기를 볶다가 밥을 넣고 고루 볶는다.

4 ③에 닭고기육수를 부어서 밥알이 퍼지도록 자작하게 끓인다. 여기에 시금치를 넣고 살짝 볶고 흑임자를 뿌려 먹인다.

당근양배추닭고기볶음

재료와 분량 | 닭가슴살 50g, 당근 20g, 양배추 10g, 닭고기육수 2/3컵, 집간장 약간, 밥 20g, 참기름 약간

1 닭고기는 잘게 다지듯이 썰고 당근과 양배추는 잘게 썬다.

2 팬에 참기름을 두르고 닭고기와 당근을 넣어서 잘 볶는다. 닭고기가 익으면 여기에 양배추를 넣고 잘 볶는다.

3 ②에 닭고기육수 1/3컵을 부어서 푹 익힌 다음 집간장을 아주 조금만 넣어서 맛을 낸다(간을 안 해도 되지만 혹 필요할 경우).

4 냄비에 밥을 넣고 닭고기육수 1/3컵을 부어서 끓여 진밥을 만든다.

5 그릇에 ④의 진밥을 담고 ③의 닭고기볶음을 올려서 먹인다.

다시마물배추오이진밥

재료와 분량 | 밥 40g, 두부 20g, 배추 20g, 오이 20g, 당근 10g, 다시마육수 1/2컵, 참기름 약간

1 두부는 끓는 물에 데쳐서 물기를 뺀 후 작게 썬다.

2 배추와 오이, 당근은 잘게 다진다.

3 냄비에 참기름을 두르고 배추와 오이, 당근을 넣어서 잘 볶는다.

4 ③에 다시마육수를 붓고 끓이다가 밥과 두부를 넣고 되직하게 볶아서 먹인다.

게살미역무른밥

재료와 분량 | 밥 40g, 게살 20g, 불린 미역 10g, 당근 10g, 참기름 약간, 멸치맛국물 1/2컵

1 미역은 불려서 깨끗하게 씻은 다음 물기를 빼고 다진다.

2 당근은 0.3cm 크기로 작게 썬다.

3 게살은 발라서 준비한다.

4 냄비에 참기름을 두르고 미역과 당근을 넣어 볶다가 멸치맛국물을 붓고 끓인다.

5 ④에 밥을 넣어 볶다가 마지막에 게살을 넣어 살짝 볶은 후 먹인다.

당근홍합무른밥

재료와 분량 | 진밥 40g, 홍합 20g, 당근 10g, 양파 10g, 쇠고기육수 1/2컵, 참기름 약간

1 홍합은 소금물에 흔들어서 씻어서 불순물을 깨끗하게 없앤 후에 다지듯이 썬다.

2 당근과 양파는 다진다.

3 프라이팬에 참기름을 두르고 홍합을 넣어서 잘 볶는다. 여기에 당근과 양파를 넣고 계속해서 볶는다.

4 ③에 밥을 넣고 육수를 부어서 자작하게 끓인 후 먹인다.

cooking point 홍합은 철분 함량이 매우 높아 빈혈 예방에 효과적이다. 단 여름철 바닷물의 수온이 높을 때는 패류독소 위험이 있으니 피할 것!

닭고기브로콜리진밥

재료와 분량 | 밥 40g, 닭고기 10g, 브로콜리 10g, 양파 5g, 잣가루 1작은술, 닭고기육수 1/2컵, 참기름 약간

1 닭고기는 잘게 다진다.

2 브로콜리는 끓는 물에 소금을 넣어 데치고, 찬물에 헹군 후 잘게 썬다.

3 양파는 다져서 준비한다.

4 팬에 참기름을 두르고 닭고기를 넣어 잘 볶다가 양파를 넣고 다시 볶는다.

5 ④에 밥을 넣고 볶다가 육수를 붓고 끓인다. 국물이 자작해지면 브로콜리를 넣고 잣가루를 뿌려서 골고루 섞어 먹인다.

새우미역무른밥

재료와 분량 | 밥 40g, 새우 30g, 미역 10g, 물 1/2컵, 참기름 약간

1 미역은 불려두었다가 깨끗하게 씻어서 곱게 다진다.

2 새우는 깐새우를 사용하는데 소금물에 흔들어 씻은 후 다지듯이 잘게 썬다.

3 냄비에 참기름을 두르고 새우와 미역을 넣어 볶다가 밥을 넣고 물을 부어서 끓인다.

밥을 넣은 두부야채찜

재료와 분량 | 밥 40g, 두부 20g, 당근 10g, 애호박 10g, 달걀 1/2개, 우유 3큰술

1 두부는 끓는 물에 데쳐서 물기를 없앤 후 으깬다.

2 당근과 애호박은 잘게 다진다.

3 볼에 밥을 넣고 달걀 푼 것과 우유를 넣어서 잘 섞는다.

4 ③에 준비된 당근, 두부, 애호박을 넣고 잘 섞은 후 작은 용기에 담아서 찜통에 넣고 10분 정도 쪄 낸다.

야채싸락죽

재료와 분량 | 찹쌀 30g, 참기름 약간, 물 2컵, 당근 20g, 감자 20g, 애호박 20g

1 물에 불린 찹쌀은 분쇄기에 반 정도만 간다.

2 껍질 벗긴 당근, 감자, 애호박은 잘게 다진다.

3 냄비에 참기름을 두르고 찹쌀을 넣어서 볶다가 분량의 물을 붓고 나무주걱으로 저어가며 끓인다. 여기에 손질한 당근, 감자, 애호박을 넣고 쌀이 푹 퍼지도록 끓인다.

cooking note ⑤

한비 엄마 배지현의 이유식 노트

"이유식으로 식품을 고루 섭취할 수 있게 하세요"

이유식의 양을 조금씩 늘려가세요

후기 이유식의 상태는 손으로 으깰 수 있는 정도면 되고, 재료는 잘게 썰어서 조리하는 것이 좋아요. 아침 점심 저녁 하루에 세 번 먹이는 것이 좋고, 분유의 양은 조금씩 줄여야 합니다. 이유식 양은 늘려가세요.

식품을 고루 활용해야

영양 섭취의 대부분을 이유식에 의존하게 되므로 그만큼 영양가 있는 재료를 선택해서 만들어 주고, 또 편식하지 않도록 다양한 재료를 맛볼 수 있게 해주세요.

부드러운 고형식을 만들어 주세요!

후기가 되면 밥을 먹이기 시작하되, 약간 진밥을 줘서 적응하는 시간을 두도록 합니다. 영양이 고른 여러 가지 식품을 이용해 걸쭉한 죽이나 부드러운 고형식으로 만들어 주어도 좋은 시기입니다. 잇몸이 제법 단단해지고 이도 4~6개가량 나와 있긴 하지만, 소화 작용이 아직 완전하지는 않으므로 어른과 똑같은 식사를 주어서는 안됩니다.

고등어에 알레르기 반응이 있는 아기는 참치를 사용하세요

등푸른 생선이 좋다는데 고등어는 알레르기를 일으킬 위험이 있어서 참치를 많이 먹였습니다. 참치는 손질하기 쉽고, 비린내도 덜하고, 담백해서 이유식 재료로 아주 좋습니다. 다시마 같은 해조류도 면역력을 키워주는 좋은 식품이므로 다시마육수를 많이 만들어두었다가 이유식 만들 때 물 대신 넣어주었답니다. 매번 진밥을 만드는 게 너무 번거로워서 밥에 다시마육수를 부어 진밥으로 만들어 먹였습니다. 아직은 된밥 대신 무른 밥을 먹여야 하는 시기거든요.

아이에게 숟가락질을 가르쳐주세요!

보통 엄마들이 집안 어지럽히는 것이 싫어 아이들에게 마냥 떠서 먹이는데, 아기가 숟가락질을 하려고 할 때는 그냥 숟가락을 쥐어주세요. 좀 더러워지기는 해도 아기가 숟가락질도 빨리 배우고 훨씬 잘 먹는답니다. 흘리는 것이 더 많아 치우는 게 귀찮아도 직접 떠서 먹을 수 있도록 하는 것이 좋답니다. 7개월쯤 돼서 한비에게 아기 식탁을 사 주었는데 정말 후회하지 않는 제품입니다. 식탁에만 앉으면 먹는다는 것을 아니까 지금도 식탁에 앉아서 밥을 잘 먹는답니다.

소화력이 약해요. 과일을 많이 주지 마세요!

과일을 지나치게 많이 먹이면 소화를 잘 못 시켜서 방귀를 자주 뀌게 되고, 변도 자주 보고, 설사까지 일으킬 수 있습니다. 변비라고 해서 지나치게 과일을 많이 먹이면 아기가 만성설사에 시달리기도 한답니다. 자두나 살구는 섬유질이 많아서 변을 묽게 하므로, 아기 변이 지나치게 묽을 때에는 먹이지 않는 것이 좋습니다. 여름이 제철인 자두를 강판에 갈아서 먹이면 변비에 큰 효과를 볼 수 있습니다.

나물반찬도 조금씩 먹여보세요

한비는 나물을 좋아해서 이때부터 나물을 먹였습니다. 간을 거의 하지 않고 온 가족이 다 같이 먹었답니다. 한비는 잘게 잘라서 먹였고요. 시금치, 숙주나물, 취나물 등등. 아빠는 싱거워했지만 아기를 위해서나 가족의 건강을 위해서 싱겁게 만들었습니다.

모유나 분유는 반드시 이유식을 먹인 후에

이유식을 배부르게 먹지 못했다 싶으면 간식처럼 모유나 분유를 먹이세요. 이유식을 거부하고 배가 고프다고 보채는 아기에게 모유나 분유를 주면 식사 간격이 짧아져서 제대로 된 식습관을 가지지 못하게 됩니다. 모유나 분유는 반드시 이유식을 먹인 후에 배가 부른 정도에 따라 조절해 줘야 합니다. 아기들은 분유나 모유를 더 좋아해서 이유식을 먹지 않으려고 하기 때문이에요.

이유식을 단단하게 만드세요

후기에는 잇몸으로 부숴 먹을 수 있는 시기이므로 좀 단단하게 만드는 것이 좋습니다. 죽을 되게 쑤어 먹이거나 진밥을 먹이면 되겠지요. 사과 같은 과일은 얄팍하게 썰고, 바나나는 깍둑썰기로 작게 썰어 주는 것이 좋습니다.

달걀야채바지락조개무른밥

재료와 분량 | 밥 40g, 당근 20g, 바지락살 20g, 달걀노른자 1/2개, 다시마육수 1/2컵, 참기름 약간

1 당근은 다진다.

2 바지락은 아기가 먹기 좋도록 곱게 다진다.

3 팬에 참기름을 두르고 바지락을 넣어서 볶는다. 여기에 당근을 넣고 볶는다.

4 ③에 밥을 넣고 다시마육수를 부은 다음 밥알이 퍼지도록 끓인다.

5 ④에 달걀노른자를 뿌려 넣고 고루 섞어서 먹인다.

조개차우더

재료와 분량 | 조갯살 30g, 굴 2개, 감자 30g, 당근 20g, 애호박 20g, 우유 또는 분유물 1컵, 밀가루 1작은술, 소금 약간, 올리브유 약간

1 굴과 조갯살은 소금물에 흔들어 씻은 후 불순물을 제거한 다음 다시 한 번 씻어 건진다.

2 감자와 당근 · 애호박은 아기가 먹기 좋게 잘게 썰고, 감자는 찬물에 한 번 헹궈 물기를 뺀다.

3 냄비에 올리브유를 살짝 두르고 감자를 볶다가 당근, 애호박을 넣고 볶은 후 마지막에 해물과 밀가루를 넣어서 노릇하게 될 때까지 볶는다.

4 굴과 야채가 모두 익으면 우유를 붓고 한 번 더 끓인 후 먹인다.

오이연두부무른밥

재료와 분량 | 쌀 20g, 단호박 20g, 브로콜리 10g, 감자 10g, 다시마육수 2컵

1 오이는 껍질을 벗기고 0.5cm 크기로 작게 썬다.

2 시금치는 소금물에 데쳐서 찬물에 헹군 후 다진다.

3 연두부는 흐르는 물에 한 번 씻어서 살짝 으깬다.

4 표고버섯은 기둥을 떼어내고 다진다.

5 프라이팬에 참기름을 두르고 오이와 버섯을 넣고 볶다가 밥을 넣어서 볶는다. 여기에 쇠고기육수를 붓고 시금치와 연두부를 넣어서 한 번 더 끓인 후 먹인다.

굴무진밥

재료와 분량 | 밥 40g, 굴 3개, 무 20g, 다시마육수 1/2컵, 깨가루 약간, 참기름 약간

1 굴은 깨끗하게 씻어서 먹기 좋게 썰어서 준비를 한다.

2 무는 껍질을 벗겨서 잘게 다지듯이 썬다.

3 팬에 참기름을 약간 두르고 무를 넣어서 볶는다. 무가 어느 정도 익으면 굴을 넣어서 계속해서 볶는다.

4 ③에 밥을 넣고 볶다가 다시마육수를 붓고 밥알이 퍼지도록 끓인다.

5 ④에 깨가루를 뿌려서 먹인다.

고구마주머니경단

재료와 분량 | 고구마 50g, 밤 30g, 멜론 20g, 분유물 1/2 큰술

1 고구마는 삶아서 뜨거울 때 으깬다.

2 밤은 껍질째로 삶아서 속을 파낸다.

3 멜론은 다진다.

4 볼에 고구마와 밤 으깬 것을 담고 멜론 다진 것, 분유물을 넣고 잘 섞는다.

5 랩에 ④를 작게 한 덩이씩 놓고 돌돌 말아서 둥글게 모양을 만든다. 랩은 벗겨내고 경단을 담아낸다.

들깨채소탕

재료와 분량 | 호박 1/8개, 감자 1/2개, 당근 1/8개, 연두부 1/4모, 들깨 1큰술, 소금, 쇠고기육수 2컵(양지머리, 대파, 마늘, 통후추)

1 야채는 잘게 썰고 냄비에 육수를 끓여 면보에 밭쳐 둔다.

2 냄비에 육수를 붓고 잘게 썬 야채를 넣고 끓인다.

3 ②에 들깨를 넣고 연두부를 숟가락으로 조금 떠 넣는다. 끓여서 그릇에 담는다.

양송이애호박무른밥

재료와 분량 | 양송이버섯 20g, 애호박 10g, 감자 10g, 밥 40g, 쇠고기육수 1/2컵, 참기름 약간

1 양송이는 껍질을 벗겨서 잘게 썰고 애호박과 감자도 아기가 먹기 좋게 잘게 썬다.

2 팬에 기름을 두르고 감자는 먼저 넣고 잘 볶다가 애호박과 양송이버섯을 넣어서 잘 볶는다.

3 ②에 밥을 넣고 볶다가 쇠고기육수를 넣어서 자작하게 끓인다.

4 ③의 밥알이 퍼지도록 끓여서 먹인다.

두부쇠고기무른밥

재료와 분량 | 두부 20g, 다진 쇠고기 20g, 밥 40g, 물 1/2컵, 참기름 약간

1 두부는 끓는 물에 한 번 데쳐서 작게 썬다.

2 쇠고기는 다진 것으로 준비를 한다.

3 프라이팬에 기름을 두르고 쇠고기를 넣어서 잘 볶는다.

4 ③에 밥을 넣어서 볶다가 물을 붓고 자작하게 끓인다. 여기에 두부 썬 것을 넣어서 밥알이 퍼지도록 끓인 후 먹인다.

plus recipe

파인애플완두콩무른밥

재료와 분량 | 파인애플 20g, 감자 10g, 밥 40g, 물 1/2컵, 완두콩 으깬 것(속껍질을 제거한 것) 10g, 참기름 약간

1 파인애플은 잘게 다지듯이 썬다.

2 감자는 다져서 준비를 한 후 팬에 기름을 두르고 감자를 넣어서 잘 볶는다.

3 ②에 파인애플을 넣고 잘 볶다가 밥을 넣고 볶는다. 여기에 물을 부어서 밥알이 퍼지도록 자작하게 끓인다.

4 ③에 완두콩을 으깬 것을 넣어서 잘 섞어서 먹인다.

쇠고기청경채무른밥

재료와 분량 | 다진 쇠고기 20g, 청경채 20g, 밥 40g, 물 1/2컵, 참기름 약간

1 청경채는 끓는 물에 데쳐서 찬물에 헹궈 물기를 뺀 후 다진다.

2 쇠고기는 다진 것으로 준비를 해서 팬에 기름을 두르고 볶는다.

3 ②에 밥을 넣고 볶다가 청경채 썬 것을 넣어서 잘 볶는다.

4 ③에 물을 붓고 자작하게 끓인다. 밥알이 무르게 퍼지면 먹인다.

사과스크램블무른밥

재료와 분량 | 진밥 40g, 사과 20g, 달걀노른자 1개, 분유물 2큰술, 애호박 10g, 육수 1/2컵, 버터 약간

1 사과는 다진다. 애호박도 먹기 좋게 다지듯이 썬다.

2 볼에 달걀노른자를 넣고 분유물을 부어서 잘 섞은 후 여기에 사과를 넣어서 잘 섞는다.

3 프라이팬에 버터를 약간 바르고 ②를 넣어서 나무 젓가락으로 저어가면서 스크램블을 만든다.

4 냄비에 육수를 붓고 진밥을 넣어서 끓이다가 잘게 썬 애호박을 넣고 국물이 자작하게 끓인다.

5 그릇에 ④의 밥을 담고 사과스크램블을 얹고 잘 섞어서 먹인다.

콩나물당근무죽

재료와 분량 | 쌀 30g, 콩나물 10g, 당근 10g, 무 10g,멸치맛국물 2컵, 깨가루 약간, 참기름 약간

1 쌀은 물에 불려서 건져둔다.

2 콩나물은 찜통에 한 번 찐 후 잘게 썬다.

3 당근과 무는 잘게 다져서 준비한다.

4 냄비에 참기름을 두르고 쌀을 넣어서 볶다가 당근과 무를 넣어 잘 볶는다.

5 ④에 멸치맛국물을 부어서 끓인다. 여기에 콩나물 썬 것을 넣어서 끓인다.

6 쌀이 퍼지도록 끓인 후 그릇에 담고 깨가루를 뿌려서 먹인다.

양송이버섯양파 건포도무른밥

재료와 분량 | 밥 40g, 양송이버섯 1개, 양파 10g, 건포도 1작은술, 올리브유 약간, 멸치맛국물 1/2컵

1 양송이는 껍질을 벗겨서 아기가 먹기 좋게 다지듯이 썰어서 준비한다.

2 건포도는 따뜻한 물에 불려두었다가 건져서 다진다.

3 양파는 다진다.

4 팬에 올리브유를 두르고 양파와 버섯을 넣어서 볶다가 건포도를 넣고 볶는다.

5 ④에 밥을 넣고 볶다가 멸치맛국물을 붓고 밥알이 퍼질 때까지 끓인다.

사과밤찜

재료와 분량 | 사과 1/2쪽, 찐 밤 2개, 사과주스 1/3컵

1 사과는 깨끗하게 씻어 4~6조각으로 썬 뒤, 껍질을 벗기고 씨 부분은 도려낸다.

2 냄비에 사과 조각을 담고 주스를 자작하게 부어서 끓인다.

3 밤은 푹 삶은 뒤, 속살을 파내어 체에 한 번 내려서 준비를 한다.

4 쉽게 으깨질 정도로 푹 익힌 사과를 그릇에 담고 밤가루를 뿌려 낸다.

참치피망무른밥

재료와 분량 | 밥 40g, 참치살 30g, 피망 10g, 당근 5g, 물 1/2컵, 버터 · 김가루 약간씩

1 참치살은 작게 잘라서 준비를 한다.

2 피망과 당근도 0.5cm 크기로 작게 잘라서 준비한다.

3 냄비에 버터를 두르고 참치를 넣고 잘 볶다가 당근을 넣어 잘 볶는다.

4 ③에 밥을 넣고 물을 부어서 끓이다가 피망을 넣고 되직하게 볶고 김가루를 뿌려서 먹인다.

cooking point 등푸른 생선의 일종인 참치는 두뇌 발달에 도움이 되는 DHA가 풍부하다.

부추감자진밥

재료와 분량 | 밥 40g, 부추 15g, 감자 10g, 당근 5g, 육수 1/2컵, 참기름 약간, 깨소금 약간

1 감자는 깨끗하게 껍질을 벗겨서 다진다. 당근도 감자와 같이 다진다.

2 부추는 흙을 털어내고 깨끗하게 손질을 해서 송송 잘게 썰어 준비한다.

3 팬에 참기름을 두르고 감자와 당근을 넣어서 잘 볶는다.

4 ③의 야채가 익으면 밥을 넣고 육수를 부어 끓인다. 여기에 부추를 넣어 끓인다.

5 밥알이 퍼지도록 끓인 후 깨소금을 뿌려서 먹인다.

찐사과바나나샌드위치

재료와 분량 | 식빵 1장, 사과 1/2개, 바나나 1/2개, 단호박 찐 것 약간

1 식빵은 아기가 먹기 좋게 모양틀을 이용해서 찍는다.

2 사과는 껍질을 벗겨 작게 썰어서 용기에 담고 찜통에 넣어서 10분 정도 찐다.

3 바나나는 먹기 좋은 크기로 썬다. 단호박은 으깨서 준비를 한다.

4 식빵에 바나나와 찐 사과를 담고 단호박 으깬 것을 올려서 먹인다.

표고버섯닭죽

재료와 분량 | 찹쌀 3큰술, 표고버섯 1개, 닭고기가슴살 50g, 물 4컵

1 찹쌀은 물에 불려서 준비하고, 표고버섯은 기둥을 떼어내고 작게 썬다.

2 닭고기는 다져서 준비한다.

3 냄비에 참기름을 두르고 닭고기를 넣어 볶다가, ①을 넣고 다시 한 번 볶는다.

4 ③에 물을 붓고 저어가면서 끓인다.

5 쌀이 푹 퍼지도록 끓인 다음 먹인다.

애호박고구마진밥

재료와 분량 | 밥 40g, 고구마 20g, 애호박 20g, 오이 10g, 흑임자 1/2작은술, 올리브유 약간, 물 1/2컵

1 고구마는 껍질을 벗겨서 사방 0.5cm 크기로 작게 썬다.

2 애호박, 오이도 고구마와 같은 크기로 썰어서 준비한다.

3 팬에 기름을 두르고 고구마를 넣어서 잘 볶는다. 고구마가 어느 정도 익으면 애호박과 오이를 넣고 볶는다.

4 ③에 물을 붓고 밥을 넣어서 끓인다. 국물이 자작해지도록 끓이다가 흑임자를 넣고 잘 섞는다.

두부굴밥

재료와 분량 | 밥 40g, 두부 15g, 굴 2개, 애호박 10g, 참기름 약간, 멸치맛국물 1/2컵

1 굴은 소금물에 흔들어 씻어서 물기를 뺀 후 다진다.

2 두부는 끓는 물에 데쳐서 주사위 모양으로 작게 썬다.

3 애호박은 다진다.

4 프라이팬에 참기름을 두르고 굴을 넣어서 볶다가, 두부와 호박을 넣고 다시 볶는다.

5 재료가 어느 정도 익으면 밥과 멸치맛국물을 붓고 푹 끓인 다음 먹인다.

조 넣은 쇠고기죽

재료와 분량 | 쌀 15g, 쇠고기 20g, 조 10g, 물 2컵, 참기름 약간

1 쌀, 조는 불린 후 물기를 빼고 반쯤 갈아 준비한다.

2 쇠고기는 부드러운 살코기로 준비해 기름기를 제거하고 곱게 다진다.

3 쇠고기를 먼저 볶다가 간 쌀과 조, 물을 넣고 끓인다.

4 끓으면 약한 불에서 쌀이 푹 퍼지도록 끓인다.

"설사가 잦은 아기, 상태를 살펴 이유식도 신중하게!"

이유식을 하게 되면 아기는 지금까지 먹던 모유나 분유와 다른 음식을 장이 받아들이게 되기 때문에 변의 모양이나 색깔이 달라지는 경우가 많습니다. 장은 처음 접하게 되는 음식을 맞이하여 당황하다가 시간이 지나면 차차 안정을 찾게 됩니다.

처음에는 변의 굳기도 달라지며 색깔도 다양해집니다. 지방과 당분 성분이 늘어나면서 변의 냄새도 고약해지고 방귀도 자주 뀌게 되는 경우가 많습니다. 완두콩과 같은 푸른색 곡식이나 시금치와 같은 야채를 먹게 되면 변 색깔이 녹색을 띄게 되거나 짙은 쑥색으로 변하기도 합니다. 당근이나 호박죽을 먹이면 당근색 변이나 호박색 변이 나오기도 합니다. 바나나나 배를 먹이면 작은 알갱이 같은 것이 변에 보이기도 합니다. 토마토 껍질이나 수박을 먹으면 변에 피 같은 것이 섞여 나와 놀라는 경우도 있습니다.

이렇게 먹은 것이 그대로 변에 나오는 것만으로 무조건 이상이 있다고 볼 수는 없어요. 아직은 아기가 처음 접하는 음식에 제대로 적응을 하지 못한다고 보아야 합니다. 음식의 질긴 부분을 감당할 만큼 소화 기관이 아직 미숙하기 때문이라고 생각됩니다. 그런 경우에는 좀 더 익혀서 먹이거나 양을 조금씩 늘려서 서서히 먹이는 것이 좋습니다. 나이가 들면서 차차 나아지는 경우가 대부분입니다. 변이 너무 묽거나 완전히 물처럼 변을 보거나 코 같은 것이 섞여 나오는 경우도 마찬가지입니다.

이럴 때에는 일단 소아과 의사의 진찰을 받아 다른 이상은 없는지 확인을 하는 것이 중요합니다. 아기의 나이, 이유식의 종류, 개인차에 따라서 정상적인 배변 양상이 다양할 수 있으므로 단순히 대변의 횟수나 묽기만으로 '설사다, 아니다(전문적으로는 병적 상황이다 아니다로 말합니다)' 라고 말하기는 쉽지 않습니다. 모유를 수유하는 아기는 2~3주에 1회에서 하루 12회에 이르기까지 정상적이면서도 다양한 배변 양상을 보일 수 있습니다. 어떤 아기는 2~3일에 한 차례의 굳은 변을 보이기도 하고 어떤 영아는 정상적으로도 하루 5~8회의 묽고 부드러운 대변을 보이기도 합니다. 코 같은 점액이 변에 들어있는지의 여부나, 색깔, 냄새는 설사를 판단하는 근거로는 부정확합니다. 섣부르게 자의적으로 판단하지 않는 것이 바람직합니다. 변이 묽은 정도가 심하여 엉덩이가 짓무르는 경우에는 의사의 진찰을 받아 보고, 그 정도가 심하면 이유식을 잠시 중지하는 수도 있습니다.

이유식을 하는 중에 변을 자주 보거나 묽게 보는 경우가 생길 때는 원인이 된다고 생각되는 이유식의 양을 일단 줄여 봅니다. 변이 나아지면 양을 서서히 늘리기 시작하면 됩니다. 시간이 지나도 변이 나아지지 않으면 원인이 되는 이유식 성분을 일시적으로 빼는 방법도 있습니다. 시간을 두고 잠시 쉬었다가 적은 양으로 서서히 다시 시작하는 방법을 사용해 봅니다. 심한 경우에는 이유식 자체를 아예 잠시 중단해야하는 경우도 있습니다.

쇠고기시금치무른밥

재료와 분량 | 밥 40g, 다진 쇠고기 20g, 시금치 10g, 무 10g, 참기름 · 검은깨 약간씩, 멸치맛국물 1/2컵

1 시금치는 끓는 물에 데쳐서 다진다.

2 무는 사방 1cm 크기 정도로 작게 썬다.

3 냄비에 참기름을 두르고 쇠고기를 넣어 볶다가 무를 넣고 볶는다.

4 ③에 멸치맛국물을 부어서 끓이면서 국물을 자작하게 조린다. 여기에 밥을 넣고 볶다가 시금치를 넣고 살짝 볶는다. 마지막으로 검은깨를 뿌려서 먹인다.

양송이새우무른밥

재료와 분량 | 밥 40g, 양송이버섯 2개, 새우살 10g, 당근 10g, 물 1/2컵, 올리브유 약간

1 양송이는 껍질을 벗겨서 아기가 먹기 좋은 크기로 작게 썬다. 당근도 잘게 썰어서 준비한다.

2 새우는 소금물에 흔들어서 씻은 후 작게 썬다.

3 팬에 올리브유를 약간 두르고 ②를 넣어 잘 볶는다. 여기에 준비된 당근과 양송이를 넣고 다시 볶는다.

4 ③에 밥을 넣고 볶다가 물을 부어서 밥이 약간 퍼질 때까지 끓인 후 먹인다.

야채무른밥

재료와 분량 | 당근 5g, 양파 10g, 애호박 10g, 밥 40g, 물 1/1컵, 참기름 약간

1 당근, 양파, 애호박은 잘게 썬다.

2 ①을 참기름을 두른 팬에 넣고 볶는다.

3 ②에 밥을 넣고 볶다가 물을 붓고 밥알이 퍼지도록 끓인다.

1year after

이유식을 하루 세 번, 모유나 분유는 하루 두 번 정도 먹게 되면 이유식을 완료할 수 있습니다. 이유식 완료란 음식물을 씹어 삼키면서 필요한 영양소의 대부분을 음식물로부터 섭취할 수 있게 되는 상태를 말합니다. 국과 반찬 등을 씹기 좋은 음식으로 마련해 다양한 질감과 향을 경험할 수 있도록 하면 좋겠지요. 이 시기부터 아기들은 다양한 반찬을 먹을 수 있게 되면서 영양소를 고루 섭취할 수 있는 균형 있는 식단이 필요합니다. 유아기 때 음식을 가리기 시작하면 편식하는 아이가 될 확률이 크거든요. 아이가 좋아하는 음식과 싫어하는 음식의 재료를 서로 섞어 요리를 만들어 음식을 가리지 않도록 해주어야 합니다. 그리고 씹어 먹는 음식이 많아지므로 꼭꼭 씹는 법을 가르쳐야 할 때입니다. 씹는 습관을 잘 들이면 턱 근육이 발달하고, 씹는 동안 음식의 맛과 향이 뇌를 자극해 두뇌 발달에도 도움이 됩니다. 나아가 침이 충분히 나와 소화를 돕는 효과도 얻을 수 있지요. 15개월 전후에는 급격한 성장과 함께 혈액의 양이 증가하면서 철분 결핍성 빈혈이 일어나기 쉽고 칼슘도 모자라기 쉬워요. 이를 보충하는 균형 잡힌 식단을 준비하셔야 합니다.

감자옹심이

재료와 분량 | 감자 1개, 멸치다시마육수 1/2컵, 양파30g, 애호박 30g, 당근20g

1 애호박, 당근, 양파는 작고 얇게 썬다.

2 감자는 갈아 건더기는 물기를 짜고, 국물은 가라앉혀 윗물은 버리고 남은 것에 건더기를 섞어 치대어 감자 반죽을 만든다.

3 감자 반죽은 아기가 먹기 좋은 크기로 동글게 빚은 후 끓는 물에 익혀 건져낸다.

4 냄비에 육수를 붓고 당근과 양파를 넣어서 끓이다가 감자옹심이, 애호박을 넣고 좀더 끓인다.

cooking point 이유식은 다양한 맛뿐 아니라 질감에 대한 연습도 필요한 과정이다. 씹는 것이 가능해지면 약간은 쫄깃한 느낌을 주는 음식도 서서히 시작한다.

고구마과일조림밥

재료와 분량 | 밥 50g, 고구마 20g, 양파 10g, 당근 10g, 사과 10g, 파인애플 10g, 물 1/3컵, 녹말물 1작은술, 슬라이스치즈 1/2장, 간장 약간

1 고구마, 당근, 사과, 양파는 가로세로 0.5cm 크기로 썬다.

2 프라이팬에 기름을 두르고 먼저 양파를 넣어서 볶다가 남은 재료를 넣고 볶는다. 여기에 물을 부어서 끓인다.

3 재료가 어느 정도 익으면 녹말물을 넣어서 걸쭉하게 만든다. 간장을 약간 넣어 간을 해도 좋다.

4 그릇에 밥을 담고 ③을 올린 후 곱게 다진 치즈를 뿌려 먹인다.

당근브로콜리버섯볶음밥

재료와 분량 | 밥 50g, 당근 15g, 브로콜리 15g, 양송이버섯 1개, 버터 약간, 어린이치즈 1/2장

1 당근은 다져서 준비하고, 양송이는 껍질을 벗겨서 다진다.
2 브로콜리는 끓는 물에 데쳐서 찬물에 헹군 다음 잘게 썰어둔다.
3 팬에 버터를 두르고 당근을 넣어서 볶는다. 당근이 어느 정도 익으면 버섯을 넣고 볶는다.
4 ③에 밥을 넣고 볶다가 브로콜리를 넣어서 다시 볶는다.
5 밥을 그릇에 담고, 어린이치즈를 다져 뿌려서 먹인다.

고등어두부찜

재료와 분량 | 고등어 50g, 두부 50g, 녹말가루 약간, 다시마육수 2큰술, 녹차잎 약간

1 고등어는 찜통에 녹차잎을 깔고 쪄내어 냄새를 없앤 후 살만 발라낸다.

2 두부는 칼등으로 곱게 으깨서 볼에 담고 다시마육수와 녹말가루를 넣어서 부슬부슬하게 섞는다.

3 ②에 고등어살을 넣어서 잘 섞은 후 전자레인지에 1분 정도 익혀서 낸다.

마른새우를 넣은 두부전

재료와 분량 | 두부 50g, 마른새우 10g, 우유 2큰술, 다진 양파 1큰술, 달걀 1/2개, 밀가루 1작은술, 샐러드유 약간

1 두부는 끓는 물에 데쳐서 건져 물기를 뺀 다음 칼등으로 곱게 으깬다.

2 마른새우는 우유에 넣어 불려두었다가 건져서 곱게 다진다.

3 볼에 ①과 ②, 다진 양파를 넣고 밀가루와 달걀을 넣어 반죽을 한다.

4 프라이팬에 기름을 두르고 ③의 반죽을 아기가 먹기 좋게 한 수저씩 작게 떠서 구워낸다.

오이감자오믈렛

재료와 분량 | 삶은 감자 50g, 오이 15g, 시금치 10g, 달걀 1개, 우유 1큰술, 어린이치즈 1/4장, 올리브유 약간

1 감자는 삶아서 으깬다. 시금치는 소금물에 데쳐 찬물에 헹군 후 다진다.

2 오이는 껍질을 벗겨서 다진다.

3 치즈도 다진다.

4 볼에 달걀을 풀어 넣고, 여기에 우유를 넣어서 잘 섞는다.

5 프라이팬에 기름을 두르고, 오이와 시금치를 넣어서 볶은 후 으깬 감자를 넣고 잘 섞는다.

6 프라이팬에 기름을 두르고 ④를 2큰술 정도 부어서 익힌다. 반 정도 익으면 위에 ⑤를 놓고 반으로 접어서 익힌 다음 먹인다.

참치전

재료와 분량(4인분) | 참치 200g, 밀가루 1큰술, 달걀물 3큰술, 양파 50g, 피망 50g, 표고버섯 2개, 달걀 1개, 밀가루, 올리브유

1 참치는 통조림으로 준비하여 기름기를 빼고 다진다.

2 양파, 피망, 표고버섯은 잘게 다진다.

3 ①의 참치에 ②를 넣고 밀가루, 달걀물 1큰술을 넣고 버무린다.

4 ③을 둥글넙적하게 만들어 밀가루, 달걀물(2큰술)을 묻혀서 팬에 노릇하게 지진다.

견과류볶음밥

재료와 분량 | 밥 50g, 다진 호두 1작은술, 다진 잣 1작은술, 다진 땅콩 1작은술, 오이 10g, 당근 10g, 올리브유 약간

1 오이와 당근은 작게 썰어 준비한다.

2 호두, 잣, 땅콩 등 견과류는 아기가 먹기 좋게 잘 다져서 준비한다.

3 팬에 기름을 두르고 오이와 당근을 넣어서 볶다가, 밥을 넣고 다시 볶는다.

4 ③에 다진 견과류를 넣고 다시 살짝 볶아서 먹인다.

토마토사과샐러드

재료와 분량 | 토마토 30g, 사과 20g, 바나나 20g, 마요네즈 1작은술, 꿀 약간

1 토마토는 윗면에 십자로 칼집을 넣어서 끓는 물에 넣었다가 꺼내 껍질을 벗겨 아기가 먹기 좋은 크기로 자른다.

2 사과와 바나나는 주사위 모양으로 작게 썬다.

3 볼에 토마토와 사과, 바나나를 넣고 마요네즈와 꿀을 넣어서 버무려서 먹인다.

콩나물볶음국수

재료와 분량 | 소면 50g, 콩나물 30g, 표고버섯 1개, 흑임자 약간, 참기름 약간, 간장 약간

1 소면은 삶아 건져 흐르는 물에 헹군 후 물기를 뺀다.

2 콩나물은 다듬어 삶아서 아기가 먹기 좋은 크기로 잘게 썬다.

3 표고버섯은 기둥을 떼어내고 잘게 채를 썰어서 준비를 한다.

4 참기름을 두르고 콩나물을 볶다가 표고버섯을 넣고 볶는다. 여기에 삶은 소면을 넣어서 살짝 볶은 후 혹 간이 필요하다면 간장을 넣어서 맛을 낸다(간장을 넣지 않고 먹이는 것이 좋다). 그릇에 담고 검은깨를 뿌려서 먹인다.

"편식하지 않는 습관을 들여야 해요"

한비는 꼭꼭 씹는 법을 훈련 중

한비는 이때까지도 모유를 먹었는데, 모유는 간식처럼 주었답니다. 김을 좋아해서 소금과 기름을 바르지 않고 구워서 먹이기도 했는데, 김에는 미네랄과 비타민이 많이 들어 있어서 면역력을 키우는 데 좋은 식품이라고 합니다. 김은 한비를 식탁으로 이끄는 데 충분했습니다. 배추김치는 잘 씻어줘도 매워서 그런지 잘 안 먹었는데 백김치는 잘 먹었답니다. 한비는 잘 씹지 않고 그냥 꿀꺽 삼키는 편이어서 '냠냠냠'을 알려주었는데, 그래도 여전히 냠냠 흉내만 내고 꼭꼭 씹어 먹지는 않는 것 같아서 약간 걱정이었습니다. 꼭꼭 씹어서 먹어야 뇌를 활성화시켜서 두뇌 활동이 활발해진다고 하는데 말입니다. 씹어 먹도록 열심히 훈련시켜주세요.

올바른 식습관을 가르치세요

식습관 좋게 하는 방법을 알려드릴게요. 반드시 앉은 자세로, 정해진 시간에, 일정한 장소에서, 차근차근 단계를 높여가면서 먹이는 것입니다. 음식을 흘리면서 먹는다고 너무 야단을 치거나 강압적으로 하면 아기가 스트레스를 받을 수 있답니다. 이런 스트레스는 아기의 성장에 가장 나쁜 요소로 작용합니다. 스스로 할 수 있을 때까지 더러워질 물건들은 다 치우고 닦기 편한 매트를 준비해서, 마음을 느긋하게 먹고 아기를 대하는 것이 좋습니다. 아기에게 편안한 분위기를 만들어주는 것이 가장 중요하답니다.

오물오물 씹어서 먹을 수 있어요

완료기는 젖니가 거의 다 나서 오물오물 씹을 수 있는 시기로, 부드러운 것부터 단단한 것까지 다양하게 먹이는 것이 좋습니다. 한비는 어른들이 먹는 것도 먹으려고 했죠. 그래서 간을 정말 약하게 하고, 밥도 약간 질게 해서 조금씩 먹이곤 했답니다.

간은 아주 싱겁게 해주세요

완료기에는 어른들이 먹는 음식을 그대로 주기 쉬운데 상관은 없지만 간을 아주 싱겁게 하는 것을 잊으면 안됩니다. 심심한 간이 어른들 입맛에 맞지 않는다면, 간을 하기 전에 아기 것을 따로 덜어놓고 어른들이 먹을 수 있게 다시 간을 하는 것이 좋습니다. 이때는 두 손을 마음대로 사용할 수 있게 돼서 자기 입맛에 맞는 것을 마음대로 먹으려고 한답니다. 한비도 손으로 음식을 들고 먹는 것을 좋아해서 전을 주면 손에 들고 잘 먹더라고요. 숟가락은 던져버리고 손으로요. 하지만 손으로 먹을 때에는 단호하게 야단을 치면서 숟가락을 사용하게끔 했습니다. 그랬더니 점점 나아졌답니다.

아이의 호기심을 자극해보세요

한비처럼 이유식을 잘 먹는 아이라면 완료기에는 밥을 먹여도 됩니다. 부드러운 과일은 덩어리째 주어도 좋고요. 이유식을 잘 안 먹는 아기라면 아기가 좋아하는 그림이 있는 이유식 용기를 구입해서 아기의 호기심을 끄는 것도 좋은 방법입니다.

식성이 까다로워지는 완료기에는 다양한 음식을 접할 수 있도록

특별히 알레르기 반응이 없는 아기라면 그동안 먹이지 않았던 재료들을 골고루 사용해서 5대 영양소를 고루 섭취하게 해주세요. 이 시기에는 엄마가 주는 대로만 먹지 않고, 식성도 꽤 까다로워집니다. 어른이 먹는 식사로 넘어가기 위한 과도기이므로 갑작스러운 변화를 주기보다는 다양한 음식을 접하게 하면서 차츰 어른이 먹는 음식으로 옮겨가는 것이 좋습니다. 아기의 입맛을 강하게 끌어당기는 인스턴트 식품을 먹이지 말고, 엄마가 직접 음식의 메뉴를 다양하게 해 골고루 먹을 수 있게 해야만 나중에도 편식하지 않는 건강한 아이가 된답니다.

중간 중간 간식을 먹여주세요

아직은 위가 충분히 늘어나 있지 않아서 아기가 금방 배고픔을 느낄 수 있으므로 중간중간에 간식을 먹여야 합니다. 간식은 과자나 빵 같은 인스턴트 식품보다는 고구마나 감자를 삶아서 먹이거나 으깬 감자에 오이나 당근 등을 넣어서 먹이는 것이 좋습니다. 이때 멸치가루나 새우가루를 넣어서 만들면 부족한 칼슘을 섭취할 수도 있고요. 간식을 줄 때에는 많은 양으로 배를 채우지는 않게 적절하게 먹여야 합니다. 간식으로 배가 부르면 이유식을 먹지 않으려고 하니까요.

야채고명을 얹은 연두부샐러드

재료와 분량 | 연두부 40g, 시금치 20g, 사과 30g, 플레인요구르트 1큰술, 사과즙 약간

1 연두부는 통째로 끓는 물에 데쳐내어 아이가 먹기 좋게 떠서 그릇에 담는다.
2 사과는 깨끗이 씻어 껍질을 벗긴 후 잘게 다지듯이 썬다.
3 시금치는 끓는 물에 파랗게 데쳐서 다진다.
4 볼에 플레인요구르트, 사과즙을 섞어 드레싱을 만든다.
5 ①의 연두부에 사과와 시금치를 얹고 ④의 드레싱을 얹어서 먹인다.

오이참치샐러드

재료와 분량 | 오이 30g, 옥수수 30g, 참치통조림 10g, 마요네즈 $1\frac{1}{2}$작은술

1 오이는 껍질을 벗겨 아기가 먹기 좋게 다지듯이 썬다.

2 참치는 기름기를 빼서 준비를 한다.

3 옥수수는 삶아서 알알이 떼어낸 후 준비를 한다.

4 ③에 오이와 옥수수, 참치를 넣고 마요네즈를 넣어서 잘 버무린다.

섭산적

재료와 분량 | 쇠고기 150g, 두부 20g, 소금 · 참기름 약간씩, 잣가루양념장(간장 1/2큰술, 참기름 1/2큰술, 설탕 1큰술, 다진 파 1/2큰술, 다진 마늘 1작은술)

1 쇠고기는 곱게 다져서 분량의 양념장에 반죽한다.

2 두부는 면 헝겊에 싸서 물기를 짠 후 으깨어 소금, 참기름으로 양념한다.

3 ①과 ②를 섞어 치대어 반죽한 후 두께 0.8cm로 둥글납작하게 만든다.

4 뜨겁게 달구어진 석쇠에 ③을 얹어 앞뒤로 구워낸다.

5 그릇에 담고 잣가루를 뿌려서 낸다.

보리새우가루핫케이크

재료와 분량 | 보리새우가루 1큰술, 박력분 50g, 베이킹파우더 1/2작은술, 설탕 1작은술, 달걀 1/2개, 우유 60cc, 올리브유 1작은술

1 볼에 달걀과 우유와 올리브유를 잘 섞은 후 설탕을 넣고 섞는다. 여기에 체에 쳐서 내린 고운 박력분과 베이킹파우더를 넣고 잘 섞는다.

2 ①에 보리새우가루를 넣고 고루 섞는다.

3 프라이팬에 ②의 반죽을 한 수저씩 떠놓고 노릇하게 구워 낸다.

야채고기두부버거

재료와 분량 | 양파 20g, 당근 10g, 두부 50g, 다진 쇠고기 30g, 달걀노른자 1/2개, 빵가루 1작은술, 올리브유 약간

1 양파와 당근은 곱게 다져서 준비한다.

2 두부는 끓는 물에 데쳐서 물기를 뺀 후 으깬다.

3 볼에 다진 쇠고기와 ①과 ②를 넣고, 빵가루와 달걀노른자를 넣어 잘 섞어서 반죽한다.

4 ③을 작고 동글납작하게 빚어서 프라이팬에 기름을 두르고 노릇하게 구워 먹인다.

cooking point 두부는 단백질과 칼슘이 풍부해서 이유식으로 사용하기에 매우 적합한 식품이다. 자주 사용해도 질리지 않도록 여러 가지 변화를 시도하면 새로운 맛으로 먹을 수 있다.

버섯치즈리조토

재료와 분량 | 표고버섯 1개, 당근 20g, 파르메산 치즈가루 약간, 불린 쌀 3큰술, 우유 1컵(혹은 분유물)

1 표고버섯은 기둥을 떼어내고 먹기 좋게 다진다.

2 당근은 곱게 다진다.

3 팬에 불린 쌀을 볶다가 당근과 버섯을 넣어 고루 볶는다. 여기에 우유를 부어준다.

4 끓으면 불을 줄여서 쌀이 퍼지도록 익힌다. 치즈가루를 약간 뿌려서 먹인다.

cooking point 표고버섯은 면역력을 향상시키는 효과가 뛰어나다. 특히 말린 표고버섯에는 비타민 D가 풍부해서 칼슘의 흡수율을 높여준다.

미니버거

재료와 분량 | 다진 쇠고기 100g, 양파 1/4개, 빵가루 2큰술, 우유 1/2큰술, 달걀물 2큰술, 소금 약간, 브라운소스 1/4컵

1 양파는 다져서 볶고, 빵가루는 우유에 적셔놓는다.

2 볼에 다진 쇠고기를 담고 ①을 넣은 후 소금, 달걀물을 넣고 손으로 섞는다. 작고 동글납작하게 만든 후 팬에 기름을 두르고 노릇하게 지져준다.

3 접시에 구운 미니버거를 담고 브라운소스를 끼얹는다.

양송이버섯오믈렛

재료와 분량 | 달걀 1개, 우유 3큰술, 양송이버섯 2개, 양파 10g, 버터 약간

1 볼에 달걀을 풀어서 넣고 우유를 넣어서 잘 섞는다.
2 양송이는 껍질을 벗겨서 굵게 다진다.
3 양파는 곱게 다진다.
4 ①에 다진 양송이와 양파를 넣고 잘 섞는다.
5 팬에 버터를 두르고 ④를 넣어서 포크로 휘저어가면서 익힌다.
6 반쯤 익으면 양쪽을 접어서 오믈렛 모양을 만든 다음 접시에 담아서 먹인다.

cooking point 오믈렛이나 달걀찜은 떠먹이기에 적합한 질감으로 여러 가지 재료를 바꿔가며 넣어 다양하게 응용하면 좋다.

옥수수감자구이

재료와 분량 | 옥수수 3큰술, 달걀노른자 1개, 삶은 감자 3큰술, 피망 10g, 우유 1큰술, 빵가루 1/2큰술, 올리브유 약간

1 옥수수알갱이는 반쯤 다져서 준비한다.
2 볼에 빵가루를 넣고 우유를 부어서 불려둔다.
3 피망은 다진다. 삶은 감자는 으깨 놓는다.
4 볼에 삶은 감자 으깬 것을 넣고 ②와 다진 피망, 옥수수, 달걀노른자를 넣어서 잘 섞는다.
5 프라이팬에 기름을 두르고 ④를 작은 수저로 떠 넣어 노릇하게 구워낸다.

닭살청경채리조토

재료와 분량 | 닭가슴살 30g, 밥 40g, 청경채 1줄기, 우유 1/2컵, 버터 1작은술, 밀가루 1작은술

1 닭가슴살은 끓는 물에 삶아서 건진 후 곱게 다진다.

2 청경채는 소금을 넣은 끓는 물에 데쳐서 물기를 뺀 후 작게 썬다.

3 프라이팬에 버터를 두르고 밀가루를 넣어 볶다가, 우유를 부어서 자작하게 끓인다.

4 ③에 따끈하게 데운 밥을 넣고 나무주걱으로 잘 저어가며 끓인다.

5 ④에 닭고기와 청경채를 넣고 한소끔 끓여서 먹인다.

야채김치주먹밥

재료와 분량 | 밥 50g, 백김치 10g, 오이 10g, 당근 10g, 파래 10g, 샐러드유 약간

1 백김치는 아기가 먹기 좋게 다진다.

2 오이와 당근도 잘게 다진다.

3 파래는 프라이팬에 기름을 두르고 볶은 후 잘게 부순다.

4 프라이팬에 기름을 두르고 오이와 당근을 넣어서 볶는다.

5 볼에 밥과 볶은 야채, 파래를 넣고 잘 섞는다. 아기가 먹기 좋을 크기로 주먹밥을 만들어 먹인다.

cooking point 똑같은 볶음밥도 주먹밥으로 빚거나 예쁜 모양의 틀에 찍어서 주면 시각적인 식욕 자극 효과가 한층 뛰어나다.

애호박된장우동

재료와 분량 | 삶은 우동면 50g, 물 1컵, 애호박 20g, 된장 1작은술, 다진 마늘 약간

1 미리 삶아둔 우동면은 먹기 좋은 크기로 작게 잘라서 준비한다.

2 호박은 흐르는 물에 씻어서 가늘게 채를 썰어 준비한다.

3 냄비에 물을 붓고 된장은 체에 걸러서 풀어 넣는다. 여기에 다진 마늘을 넣고 끓인다.

4 ③에 호박과 우동을 넣어서 한소끔 끓인 후 먹인다.

cooking point 된장은 항암 효과가 뛰어난 발효 식품이다. 짠맛이 지나치게 강해지지 않도록 조금씩 섞어 준다.

"덩어리가 있는 음식으로 균형 잡힌 영양 식단을 준비해주세요!"

완료기에는 밥, 국, 반찬을 고루 챙겨서 올바른 식습관을 갖도록 하는 것이 좋습니다. 이때는 달걀흰자를 먹어도 되는 시기이므로 달걀은 완숙을 해서 먹이면 됩니다. 돌이 지나면 생우유를 먹여도 되고요. 그리고 분유는 서서히 끊는 연습을 하는 것이 좋답니다.

분유는 완전히 떼고, 이유식으로 식습관을 들이세요

이때는 젖병을 완전히 떼고 완전히 이유식만 먹어야 하는 시기이므로 다양한 조리법과 식품을 이용하는 것이 좋답니다. 한비는 이때까지도 모유를 먹고 있었는데, 모유를 먹이는 경우는 15개월까지 모유를 먹이는 것이 좋다고 합니다. 하지만 분유는 돌이 지나면 떼는 것이 좋습니다. 아기가 밥은 잘 안 먹고 분유만 먹으려 할 텐데 다른 것을 안 먹으니 분유라도 먹여야지 하는 생각은 절대 금물입니다. 영양가가 높은 다양한 식품을 아기가 좋아하도록 다양한 조리법을 이용하는 것이 좋겠죠.

다양한 조리법을 개발해야 합니다

첫돌이 지나고 몇 개월이 지나면 아기들은 손을 자유롭게 사용하고 또 입맛에 맞는 이유식만 먹으려고 합니다. 이유식을 편식하면 어른이 되어서도 음식을 가린다고들 하는데 꼭 그렇지만은 않다네요. 아기가 잘 먹지 않는 음식이라면 조리법을 바꿔보세요. 조리법에 따라 잘 먹을 수도 있고, 수일이 지난 후에 자연스레 먹는 경우도 있답니다. 너무 서두르지 않는 게 중요합니다.

특별한 알레르기가 없다면 달걀을

이 시기가 되면 이가 거의 나 있어서 부드러운 것부터 단단한 것까지 다양한 재료의 맛을 느끼게 해줄 수 있답니다. 이때는 달걀을 먹일 수 있으므로 삶아서 먹이는 것도 좋습니다. 뇌 발달에 좋은 쇠고기는 곱게 갈아서 두부와 섞어 완자같이 만들어 먹이면 좋아요. 두부는 팬에 기름을 두르고 구워서 먹여도 좋습니다.

젤리 같은 음식은 주지 마세요

아기가 먹다가 씹기도 전에 삼킬 위험이 있는 젤리 같은 것은 주지 않는 것이 좋습니다. 땅콩 같은 것은 다져서 밥 위에 뿌려서 먹이는 것이 좋고요. 고기도 작게 잘라서 먹이는 것이 질식사 등의 위험에서 벗어날 수 있겠죠.

기분에 따라 먹는 양이 다릅니다

한비는 이유식을 잘 먹다가 한때 먹는 양이 너무 줄어서 걱정이 되더라고요. 그런데 꼭 정한 양을 다 먹어야 하는 것은 아니라네요. 어른들도 기분에 따라서 밥 양이 달라지듯이 아기들도 마찬가지거든요. 아기의 건강이 좋고 기분이 좋아 보이고 체중이 자연스럽게 늘어간다면 양이 줄어드는 것쯤은 걱정하지 않아도 될 것 같습니다.

소금보다는 새우가루 · 멸치가루가 좋아요

한비에게 멸치와 보리새우 말린 것을 갈아두었다가 이유식 만들 때 같이 넣어서 주었습니다. 죽을 끓일 때도, 진밥을 만들 때도 수시로 사용합니다. 멸치와 보리새우를 프라이팬에 바삭하게 볶아서 분쇄기에 갈아 밀폐용기에 넣어두면 필요할 때마다 조금씩 꺼내 쓸 수 있어서 편리했답니다. 소금 대신 간을 맞추기에도 좋습니다.

견과류는 돌이 지난 후부터

견과류는 비타민과 칼륨, 불포화지방산이 많이 들어 있어서 심장병을 예방한답니다. 하지만 칼로리가 높아서 너무 많은 양을 섭취하지 않는 게 좋겠지요. 견과류 역시 알레르기 증상이 있는 경우는 돌이 지난 후부터 먹이는 것이 안전하답니다. 잣은 비타민 B군이 풍부하고, 호두나 땅콩보다는 철분이 많아 빈혈에도 좋습니다.

아이의 변을 잘 관찰하세요

한비는 당근을 많이 먹였는데 처음 시작할 때 배변을 하면 당근의 입자가 그대로 보이더라고요. 그래서 입자를 더욱 작게 만들어서 먹였더니 괜찮아졌습니다. 차츰 입자를 늘려가니까 소화도 잘 시키는 것 같습니다. 이유식을 먹일 때는 아이의 변을 잘 관찰하는 것이 중요합니다.

고구마당근샐러드

재료와 분량 | 고구마 20g, 당근 20g, 플레인요구르트 2큰술

1 고구마는 껍질을 벗겨 작게 썰어서 물에 한 번 헹군다. 물기를 뺀 후, 전자레인지에서 2분 정도 무르게 익힌다.

2 당근도 고구마와 같은 크기로 잘라서 전자레인지에 넣어서 익힌다.

3 익힌 고구마와 당근을 식혀서 그릇에 담고 요구르트를 넣어서 고루 버무려 먹인다.

cooking point 부드럽게 익힌 고구마나 당근은 씹는 연습을 하기에 적합하다. 새콤한 요구르트로 맛과 영양을 더해주면 맛없는 당근도 맛있게 먹일 수 있다.

굴야채밥전

재료와 분량 | 굴 3개, 불린 미역 10g, 표고버섯 10g, 양파 20g, 달걀 1개, 밥 50g, 간장 1작은술, 올리브유 약간

1 표고버섯과 양파는 곱게 다진다. 미역은 불려서 물기를 뺀 후 곱게 다진다.

2 굴은 옅은 소금물에 흔들어 씻어서 손질해 다진다.

3 볼에 달걀을 풀고 밥과 다진 야채, 굴을 넣어 섞는다.

4 팬에 올리브유를 두르고 반죽을 한 수저씩 떠 넣어 전을 부친다.

닭고기백김치볶음밥

재료와 분량 | 닭고기 20g, 백김치 20g, 브로콜리 10g, 물 1/4컵, 밥 50g, 버터 약간

1 닭고기는 작게 썰어서 준비하고 백김치도 다지듯이 썬다.

2 브로콜리는 끓는 물에 약간 무르도록 삶아서 건져내어 작게 썬다.

3 프라이팬에 버터를 두르고 닭고기를 넣어서 볶다가 백김치를 넣어서 잘 볶는다. 여기에 물을 붓고 끓인다.

4 닭고기가 익으면 밥을 넣어서 볶는다. 여기에 브로콜리를 넣어서 살짝 볶은 후 아기에게 먹인다.

cooking point 발효 음식은 어려서 먹어봐야 익숙해지는 특징이 있다. 김치는 매운맛이 없는 백김치부터 시작해서 맛에 적응을 시킨다.

곶감야채진밥

재료와 분량 | 밥 50g, 곶감 1/2개, 양파 10g, 부추 5g, 당근 10g, 참기름 약간, 물 1/2컵

1 곶감은 씨를 발라내고 따뜻한 물에 불려두었다가 건져 곱게 다진다.

2 양파와 당근도 다지고, 부추는 잘게 송송 썰어서 준비한다.

3 냄비에 참기름을 약간 두르고 양파와 당근을 넣어서 볶다가 곶감을 넣고 함께 볶는다.

4 ③에 물 1/2컵을 붓고 자작하게 끓이다가 재료가 어느 정도 물러지면 밥과 부추를 넣고 끓여서 먹인다.

cooking point 곶감은 설사를 하는 경우에 사용하면 효과적이다. 반대로 변비가 심한 경우에는 먹이지 않는 것이 좋다.

두부덮밥

재료와 분량 | 두부 20g, 표고버섯 20g, 양파 10g, 부추 5g, 밥 40g, 멸치맛국물 1/2컵, 녹말가루 약간, 참기름 약간

1 두부는 끓는 물에 데쳐서 건져 작게 썬다.

2 표고버섯은 기둥을 떼어내어 다지고 양파와 부추도 다진다.

3 팬에 참기름을 두르고 양파와 버섯을 넣어서 볶다가 여기에 밥을 넣어서 잘 볶는다.

4 ③에 멸치국물을 넣어서 자작하게 끓인다. 여기에 두부와 부추를 넣어서 끓인다.

5 밥알이 무르도록 익힌 후 먹인다.

감자치즈무른밥

재료와 분량 | 감자 20g, 양파 10g, 당근 10g, 슬라이스치즈 1/2장, 밥 40g, 분유물 1/2컵, 올리브유 약간

1 감자와 양파, 당근은 다지듯이 작게 썰어서 준비를 한다.

2 팬에 기름을 두르고 준비한 야채를 넣어서 잘 볶다가 여기에 밥을 넣어서 잘 볶는다.

3 ②에 분유물을 넣어서 밥알이 무르도록 끓인다.

4 ③에 치즈를 올려서 치즈가 녹도록 끓여 잘 섞어서 먹인다.

plus recipe

표고버섯쇠고기무른밥

재료와 분량 | 표고버섯 20g, 쇠고기 20g, 밥 40g, 물 1/2컵, 참기름 약간

1 쇠고기는 다진 것으로 준비를 하고 표고버섯은 기둥을 떼어내고 다진다.

2 팬에 기름을 두르고 쇠고기를 넣어서 잘 볶는다. 여기에 버섯을 넣어서 살짝 볶은 후 밥을 넣어서 볶는다.

3 ②에 물을 부어서 자작하게 끓인다.

4 밥알이 무르도록 끓여서 먹인다.

멸치양송이무른밥

재료와 분량 | 실멸치 10g, 양송이 20g, 당근 10g, 밥 40g, 멸치맛국물 1/2컵, 참기름 약간

1 실멸치는 체에 한 번 쳐서 잡티를 빼내고 다진다.

2 당근은 다지고 양송이는 껍질을 벗겨서 다진다.

3 팬에 참기름을 두르고 실멸치 다진 것을 넣어서 볶다가 여기에 당근과 양송이를 넣어서 잘 볶는다.

4 ③에 밥을 넣어서 잘 볶다가 멸치맛국물을 부어서 자작하게 밥알이 퍼지도록 끓여서 먹인다.

두부튀김

재료와 분량 | 두부 1/2모, 밀가루, 튀김기름 튀김옷(달걀 1/2개, 얼음물 1/2컵, 밀가루 1/4컵, 녹말가루 1/4컵)

1 두부는 네모지게 썰어서 물기를 닦고 밀가루를 묻혀서 준비한다.

2 우묵한 볼에 달걀과 얼음물을 넣고 잘 섞어준다. 체에 친 밀가루와 녹말가루를 넣고 살살 섞어준다.

3 ①을 ②의 튀김옷에 담갔다가 180℃의 튀김 기름에 넣고 튀긴다.

4 접시에 튀긴 재료를 담는다.

cooking point 성장을 위해 열량이 많이 필요한 아이들에게는 농축된 열량원인 기름을 적당히 사용해 주는 것이 좋다.

버섯쇠고기볶음밥

재료와 분량 | 밥 50g, 쇠고기 15g, 표고버섯 1개, 다진 양파 1큰술, 참기름 약간, 깨가루 1작은술

1 쇠고기는 곱게 다져서 준비한다.

2 양파는 곱게 다져서 준비하고, 표고버섯은 기둥을 떼어내고 굵게 다진다.

3 팬에 기름을 두르고 ①을 넣어서 볶다가 준비된 양파를 넣고 잘 볶는다.

4 ③에 준비된 버섯을 넣고 볶다가 밥을 넣어서 볶는다. 여기에 깨가루를 넣고 다시 한 번 잘 볶아서 먹인다.

표고버섯국수

재료와 분량 | 소면 40g, 표고버섯 2개, 애호박 10g, 멸치맛국물 1컵

1 소면은 길이로 반을 잘라 끓는 물에 삶아 건져둔다.

2 표고버섯은 기둥을 떼어내고 채썰어 준비하고, 애호박도 채썰어 준비한다.

3 냄비에 멸치맛국물을 넣고 끓이다가 표고버섯과 애호박을 넣고 다시 끓인다.

4 ③의 야채가 익으면, 소면을 넣어서 살짝 끓인 후 먹인다.

cooking point 국수의 새로운 질감은 아이에게 먹는 즐거움을 선사할 수 있다. 단, 국수가 목에 걸리지 않도록 주의가 필요하다.

잔멸치감자볶음밥

재료와 분량 | 밥 50g, 감자 20g, 잔멸치 10g, 애호박 10g, 당근 10g, 버터 약간

1 감자는 아기가 먹기 좋은 크기의 주사위 모양으로 썬다.
2 애호박과 당근도 감자와 같은 크기로 썬다.
3 잔멸치는 프라이팬에 바삭하게 볶은 후 다져서 준비한다.
4 프라이팬에 버터를 두르고 감자와 당근을 넣어서 볶다가 호박을 넣고 볶는다.
5 ④에 밥을 넣고 계속해서 볶다가 준비된 다진 멸치를 넣어서 살짝 볶아낸 다음 먹인다.

book in book

제철에 먹는 숨쉬는 이유식

사시사철 먹거리가 풍성한 요즘에 제철에 나는 식품을 따로 챙긴다는 것이 별 의미가 없어 보입니다. 그렇지만 제철에 나는 식품을 먹는 것은 여전히 건강식의 기본이 됩니다. 제철식품은 비닐하우스가 아닌 살아 숨쉬는 신선한 땅에서 햇빛을 흠뻑 받고 자란 먹거리이기 때문입니다. 자연의 속도에 맞게 자라면서 영양을 듬뿍 받아들인 제철식품은 농약이나 기타 화학비료에도 안전하답니다. 제철식품일수록 성장 속도가 빨라 농약을 상대적으로 덜 쓰게 되고, 비록 농약을 사용했다 하더라도 농약 속에 포함된 화합물은 태양의 자외선으로 인해 대부분 없어지기 마련입니다. 제철에 나는 식품은 다른 계절에 수확한 식품에 비해 영양이 2배 정도는 풍부하답니다. 이제 막 음식을 먹기 시작하는 아기에게는 제철식품으로 만든 이유식이 좋으니 제철식품을 이용하세요. 그리고 맛있는 레시피를 참고하세요.

春

봄철 식품은 비타민과 무기질이 풍부하다

봄에 나는 먹거리는 비타민이 풍부하고 맛과 향이 신선하고 소화력이 높아, 나른해지고 입맛을 잃은 우리 몸에 최고의 자연 보양식이다. 겨우내 웅크린 몸과 마음에 활력을 불어넣어 준다. 겨울에는 추위를 이겨내기 위해 몸을 따뜻하게 하는 동물성 식품을 많이 먹게 되는데, 이로 인해 피의 흐름이 나빠지고 피가 흐리게 오염이 된다. 이렇게 탁해진 피를 정화시키는 것이 바로 봄에 파릇하게 돋아나는 봄나물로 만든 야채 반찬들. 봄나물은 비타민이 매우 풍부하게 들어 있으며, 쌉쌀한 맛은 입맛을 돋우는 동시에 간의 활동을 도와 피로를 이기게 한다. 냉이와 달래, 씀바귀, 쑥, 봄동, 미나리, 돌나물 등이 대표적인 봄나물. 배추보다 씹는 맛이 더 고소한 봄동은 비타민 C와 칼슘이 듬뿍 들어 있으며, 침의 분비를 도와 소화를 원활하게 한다. 냉이는 비타민과 칼슘, 철분이 많은 채소로 다른 야채에 비해 단백질 함량이 높은 것이 특징. 무기질과 비타민을 듬뿍 담고 있는 쑥은 옅은 회색에 줄기가 짧은 것을 고르는 것이 좋다. 봄나물은 자라면서 맛과 영양이 떨어지는 경향이 있다. 따라서 어리고 연하며 색이 짙은 것을 고르는 것이 좋다. 잎과 줄기의 색상이 선명해야 신선한 나물일 가능성이 높다. 끓는 물에 살짝 데쳐 쓰는 것이 일반적이다. 쓴맛이 나는 나물은 데쳐서 물에 여러 번 헹구고, 떫은맛이 나는 나물은 물을 자주 갈아주면서 떫은맛을 충분히 우려낸 뒤 조리한다.

요게 바로 제철식품!
season food calendar

달래 냉이 미나리 쑥 봄동
씀바귀 고사리 죽순 껍질콩
완두 고구마순
물미역 고등어 갈치
바지락 대합 꽃게
오징어 멸치 김
딸기 …

봄동두부미음 초기

재료와 분량 | 쌀 10g, 봄동 1장, 두부 10g, 다시마육수 1컵

1 쌀은 물에 불려서 분쇄기에 분량의 다시마육수를 넣어서 곱게 간다.

2 봄동은 깨끗하게 씻고 끓는 물에 데쳐 찬물에 헹궈 물기를 뺀 후 곱게 다지거나 커터를 이용해서 간다.

3 두부는 끓는 물에 한 번 데쳐서 칼등으로 곱게 으깬다.

4 냄비에 ①의 쌀물을 부어서 나무주걱으로 잘 저어가며 끓인다.

5 ④에 봄동과 두부를 넣어서 끓인다. 끓으면 불을 줄여서 쌀이 퍼지도록 끓인 후 체에 한 번 걸러서 먹인다.

쑥미음 초기

재료와 분량 | 쌀 10g, 쑥 10g, 물 1컵

1 쌀은 물에 불려서 분쇄기에 분량의 물을 넣어 곱게 간다.

2 쑥은 끓는 물에 데쳐서 찬물에 헹궈 물기를 뺀 후 곱게 다진다.

3 냄비에 ①의 쌀물을 부어서 나무주걱으로 잘 저어가며 끓인다.

4 ③에 데친 쑥을 넣어서 쌀이 푹 퍼지도록 끓인다.

5 체에 한 번 내려서 먹인다.

냉이죽 중기

재료와 분량 | 냉이 20g, 쌀 10g, 다진 쇠고기 20g, 다시마육수 2컵, 참기름 약간

1 냉이는 소금을 넣은 끓는 물에 살짝 데쳐 찬물에 헹궈 물기를 뺀다.

2 쌀은 물에 불려서 체에 건져 물기를 뺀 다음 반쯤 갈아서 준비를 한다.

3 냄비에 참기름을 두르고 다진 쇠고기와 불린 쌀을 넣고 볶는다.

4 ③에 분량의 다시마육수를 부어 나무주걱으로 잘 저어가면서 끓인다.

5 죽이 부드러워지면 데친 냉이를 넣고 한 번 더 끓인다.

미나리당면진밥 중기

재료와 분량 | 미나리 20g, 표고버섯 1개, 밥 30g, 당면 20g, 멸치맛국물 1/2컵, 참기름 약간

1 미나리를 깨끗하게 씻어 끓는 물에 파랗게 데쳐서 아기가 먹기 좋도록 작게 썬다.

2 당면은 찬물에 불린 다음 끓는 물에 넣고 한 번 삶아서 다지듯이 썰어 준비를 한다.

3 표고버섯은 기둥을 떼어내고 다진다.

4 팬에 참기름을 두르고 미나리와 표고버섯을 넣어서 볶다가 밥을 넣고 볶는다.

5 ④에 당면을 넣고 멸치국물을 부어 자작하게 끓인다.

6 밥이 퍼지면 아기에게 먹인다.

봄동당근두부탕 후기

재료와 분량 | 봄동 20g, 두부 30g, 당근 10g, 밀가루 1큰술, 참기름 약간, 물 1/2컵, 집간장 약간

1 봄동은 한 잎씩 떼어 끓는 물에 데친 후 곱게 다진다.

2 두부는 끓는 물에 데쳐 물기 없이 준비했다가 곱게 으깬다. 당근은 강판에 갈아서 준비를 한다.

3 볼에 두부와 봄동, 당근을 섞은 후 밀가루를 넣고 완자를 빚는다.

4 끓는 물에 참기름을 약간 넣고 ③의 완자를 넣어 끓인다.

완두콩고구마진밥 후기

재료와 분량 | 밥 40g, 완두콩 1큰술, 고구마 20g, 다시마육수 1/2컵, 검은깨가루 약간, 참기름 약간

1 완두콩은 끓는 물에 파랗게 데친 후 건져서 다진다.

2 고구마는 껍질을 벗겨 작게 썰어서 내열용기에 넣고 전자레인지에서 1분 정도 익힌다.

3 팬에 참기름을 두르고 완두콩과 고구마를 넣어서 볶다가 밥을 넣고 볶는다.

4 ③에 다시마육수를 부어서 밥이 퍼지도록 자작하게 끓인다.

5 검은깨가루를 뿌려서 먹인다.

냉이백김치볶음밥 완료기

재료와 분량 | 진밥 50g, 냉이 20g, 백김치 10g, 감자 10g, 올리브유 약간

1 냉이는 깨끗하게 손질해서 뿌리와 잎을 구분해 끓는 물에 데쳐 물기를 빼고 잘게 썰어 준비한다. 뿌리 부분이 굵으면 씹어 먹기 힘드므로 길이로 반을 갈라 데쳐서 잘게 썰어 이용한다.

2 백김치는 물에 한 번 헹궈서 짠맛을 어느 정도 뺀 후 다진다.

3 감자는 다진다.

4 팬에 올리브유를 두르고 감자를 넣어서 볶는다. 감자가 어느 정도 익으면 백김치를 넣어서 볶다가 밥을 넣고 계속해서 볶는다.

5 ④에 냉이를 넣어서 볶은 후 먹인다.

완두콩수프 완료기

재료와 분량 | 완두콩 100g, 양파 1/2개, 버터 1큰술, 밀가루 1큰술, 육수 $2\frac{1}{2}$컵, 우유 1컵, 월계수잎 1장, 크림 1큰술

1 양파는 채썬다.

2 냄비에 버터를 약간 두르고, 완두콩과 양파를 넣고 볶다가 버터를 추가한 후 밀가루를 넣어 볶는다.

3 육수를 붓고 월계수잎을 넣어 약한 불에서 30분 정도 끓인다. 식혀서 믹서에 갈아 체에 거른다.

4 냄비에 붓고 끓으면 우유를 넣고 살짝 끓여 낸다.

夏

여름철 식품은 수분과 비타민이 풍부하다

기온이 높아져 에너지 소비량이 많아지는 여름에는 과일과 채소로 몸의 열을 내리고 기운을 돋우자. 여름철 과일과 채소에 담긴 비타민 성분들은 여름을 타느라 나타나는 식욕 부진, 나른함, 무기력 등에 효과적이다. 여름 과일의 대표적인 종류로는 수박, 포도, 복숭아, 자두, 아오리 사과 등이 있다. 아이들의 수분 보충에 신경을 써야 하는 여름철에는 수박만한 과일이 없다. 수박은 약 95%가 수분으로 이루어져 있고, 사과산 · 각종 비타민 · 아미노산 · 당분 등이 나머지를 이루고 있다. 수박의 중심부 쪽에 더 많은 과당과 포도당은 신체에 쉽게 흡수되어 피로회복에 좋다. 그리고 수박에는 해열 · 해독작용이 있어 따가운 햇볕에 더위를 먹었거나 여름 감기가 걸린 아이들에게 먹이면 좋다. 여름이 제철인 채소로는 오이, 호박, 열무, 감자, 옥수수, 토마토, 깻잎 등이 있다. 여름철에 먹는 애호박에는 비타민 A와 C가 풍부하고, 주성분이 당질로 이루어져 소화 · 흡수가 잘 되어 아이들에게 매우 좋다. 옥수수는 단백질, 지질, 당질, 섬유소, 무기질, 비타민 등 우리 몸에 필요한 각종 영양소가 골고루 들어 있다. 옥수수의 이러한 각종 영양성분들은 피부의 건조와 피부 습진 등의 저항력을 높여주며, 섬유질 또한 풍부해 장을 자극시켜 변비를 개선해준다.

요게 바로 제철식품!
season food calendar

강낭콩 양송이버섯 오이 호박
근대 우엉 깻잎 시금치 열무
가지 감자 옥수수 양배추
자두 복숭아 수박 참외 매실
생멸치 꼬막 전복 …

쌀호박죽 초기

재료와 분량 | 쌀 10g, 단호박 150g, 물 1컵

1 쌀은 3시간 정도 충분히 불린 후 분쇄기로 갈아 준비한다.

2 단호박은 껍질을 벗기고 열이 오른 찜통에 찐 다음 으깬다.

3 냄비에 갈아 준비한 쌀을 담고 끓여 쌀이 부드럽게 퍼지면 ②를 넣어 끓인다.

애호박자두미음 초기

재료와 분량 | 쌀 10g, 자두 10g, 애호박 5g, 분유물 1컵 혹은 모유 1컵

1 쌀은 물에 불려서 분량의 분유물이나 모유를 넣고 곱게 간다.

2 자두는 강판에 갈아서 준비를 한다.

3 애호박도 강판에 갈아서 준비한다.

4 냄비에 ①을 넣고 나무주걱으로 잘 저어가면서 끓인다.

5 ④에 갈아 준비한 애호박과 자두를 넣고 불을 줄여서 쌀알이 퍼지도록 끓인다.

6 쌀알이 퍼지면 체에 한 번 내려서 먹인다.

고구마멜론죽 중기

재료와 분량 | 쌀 20g, 고구마 20g, 멜론 10g, 다시마육수 2컵, 참기름 약간

1 쌀은 물에 불려서 체에 건져 반쯤 갈아서 준비를 한다.

2 고구마는 껍질을 벗겨 작게 썰고, 물에 한 번 헹궈 준비를 한다.

3 멜론은 아기가 먹기 좋은 크기로 썬다.

4 냄비에 참기름을 두르고 쌀을 넣어서 볶다가 고구마를 넣고 볶는다.

5 ④에 물을 붓고 나무주걱으로 잘 저어가면서 끓인다.

6 고구마가 익으면 멜론을 넣고 한소끔 끓인 후 먹인다.

수박죽 중기

재료와 분량 | 쌀 20g, 수박 20g, 치즈 1/4장, 물 2컵

1 쌀은 물에 불려 물기를 뺀 후 반쯤 갈아서 준비를 한다.

2 치즈는 잘게 썬다.

3 수박은 씨를 빼내고 먹기 좋은 크기로 다지듯이 썬다.

4 냄비에 ①의 쌀을 넣고 물을 부어서 나무주걱으로 잘 저어가면서 끓인다.

5 끓으면 다진 수박을 넣고 약한 불에서 쌀이 퍼지도록 끓인다. 마지막에 치즈를 넣는다.

옥수수달걀 식빵구이 후기

재료와 분량 | 식빵 2장, 달걀 1/2개, 옥수수 1½큰술, 치즈 1/4장, 우유 2큰술, 올리브유 약간

1 식빵은 가장자리를 잘라내고 4등분을 한다.

2 옥수수는 반쯤 다져서 준비한다.

3 볼에 달걀을 풀어놓고 우유를 붓고 잘 섞는다.

4 ③에 옥수수와 치즈 다진 것을 넣어서 고루 섞은 후 여기에 식빵을 넣어서 충분히 적신다.

단호박수프 후기

재료와 분량 | 단호박 150g, 양파 1/4개, 버터 · 밀가루 · 크림 1큰술씩, 육수 4컵

1 단호박은 껍질을 벗기고 큼직하게 썬다. 양파는 채썬다.

2 냄비에 버터를 두른 후 단호박과 양파를 넣고 볶다가 버터를 추가하고 밀가루를 넣어 다시 볶는다. 육수를 붓고 월계수잎을 넣어 다시 끓인다.

3 걸쭉하게 되면 월계수잎을 건지고 분쇄기에 갈아서 체에 내린다. 냄비에 넣고 끓여 크림을 약간 넣어준다.

화이트소스를 얹은 찐감자 완료기

재료와 분량 | 알감자 6개, 달걀노른자(삶아서) 1/2개, 화이트소스(밀가루 2작은술, 분유물 1컵, 소금 약간), 브로콜리 20g

1 감자는 알이 작은 것으로 골라서 껍질을 깨끗하게 벗겨서 찜통에 넣고 찐다.

2 냄비를 달군 후 기름으로 닦아내고 밀가루를 넣고 타지 않게 볶는다.

3 ②에 분유물을 넣고 덩어리가 생기지 않게 곱게 푼 다음 걸쭉하게 끓여서 화이트소스를 만든다.

4 브로콜리는 작게 잘라서 끓는 물에 소금을 넣어서 파랗게 데친다.

5 그릇에 감자와 브로콜리를 담고 화이트소스를 얹은 후 노른자를 체에 내려서 뿌려서 먹인다.

고구마버터구이 완료기

재료와 분량 | 고구마 2개, 버터 1큰술, 우유 2큰술, 설탕 1작은술, 달걀노른자 1개

1 고구마는 깨끗이 씻어서 길이로 반을 잘라 찜통에 15분 정도 찐다.

2 껍질이 망가지지 않게 찐 고구마의 속을 파낸 후 으깨어 체에 내린다.

3 냄비에 버터를 넣고 녹으면 ②의 고구마와 우유, 설탕, 소금을 넣고 부드럽게 섞는다.

4 ②의 고구마 껍질에 ③을 다시 채워 넣고 달걀물을 발라 오븐에 15분 정도 구워낸다.

건강한 여름나기 이유식 지침 노트

여름에 먹는 이유식은 아기들에게 참 중요합니다. 땀을 많이 흘려서 배탈과 설사가 잦아지고, 땀띠와 감기 등이 찾아와 입맛을 잃게 되기가 쉬우므로 엄마들의 관심이 더 많이 필요한 계절이랍니다. 아기들은 저항력이 약하고 의사 표현도 제대로 못하기 때문에 노출이 많아지는 여름에는 조금만 주의를 소홀히 해도 이와 같은 질병에 걸리기 쉬워집니다. 더위에 지친 아기들은 식욕이 떨어져 이유식을 잘 먹으려 하지 않을 뿐 아니라 차가운 것만 찾기 때문에 건강을 지키면서 더위도 덜 타게 하는 여름나기 이유식을 잘 선택하는 것이 중요합니다.

더운 여름에 어른들보다도 오히려 땀을 더 많이 흘리는 아기들이 있습니다. 주로 열이 많고 위장이 더운 아기들은 지나치다 싶을 정도로 땀이 많은데, 심할 경우 탈수 증상까지 보일 수 있습니다. 그런 아기들은 끓여서 식힌 보리차를 충분히 먹여 수분 보충을 해줘야 합니다. 위장이 차고 손발이 찬 아이들은 보리차보다는 옥수수차가 더 좋고요. 아무리 땀을 많이 흘리고 더워해도 너무 차가운 얼음물을 주는 것은 좋지 않습니다. 냉장고에서 꺼내 실온에 두었다가 약간 시원한 정도가 되면 먹이는 것이 제일 좋습니다.

여름철이 제철인 오이는 차가운 성질의 식품입니다. 따라서 위장이 찬 아기들에게 생으로 많이 먹이면 설사가 날 수 있으므로 조심해야 합니다. 위장이 차고 겨울에 손발이 찬 아기들은 위장을 따뜻하게 해줘야 하기 때문에 오이보다는 삼계탕이 좋습니다. 아기들에게는 닭죽을 만들어 먹이는 게 좋겠지요. 찹쌀과 닭 모두 따뜻한 성질의 음식이므로 겨울철에 손발이 차거나 위장이 차서 설사가 잦은 아기들에게는 그만인 보양식이랍니다.

위장에 열이 있고 땀을 많이 흘리는 아기들에게 오이는 참으로 좋은 식품입니다. 생으로 갈아 먹여도 좋고, 열을 가해 이유식으로 이용해도 좋습니다. 오이에 열을 가해 만든 이유식은 오이의 차가운 성분이 열에 의해 중화되긴 했지만 위장이 찬 아기들이 자주 먹는 것은 좋지 않습니다. 먹는 것 말고도 오이의 쓰임은 참 많습니다. 땀띠가 났거나 뜨거운 열을 받아서 피부의 손상을 입었을 때 오이를 얇게 썰거나 잘 갈아서 피부에 바르면 오이의 찬 성질로 인해 열이 식게 됩니다.

옥수수는 차갑거나 더운 성질이 특별히 드러나는 식품이 아니라 무난하게 먹이기엔 좋습니다. 이런 식품으로는 토마토도 들 수 있는데, 이런 성질의 식품은 웬만해서는 탈이 나는 경우가 드물답니다. 애호박, 배추, 감자도 무난한 성질을 가지고 있어서 이유식 재료로 이용하기에 적당합니다.

밀가루를 이용한 음식은 위장에 들어가서 소화될 때 물이 많이 필요하다고 합니다. 그래서 밀가루 음식이 소화가 잘 안된다고 하는 것이고요. 배탈과 설사가 잦은 더운 여름에는 소화하기 힘든 밀가루 음식은 너무 자주 먹이지 않는 것이 좋습니다.

땀 흡수가 잘되는 순면 소재의 옷을 넉넉한 사이즈로 입히기, 아무리 덥다 하더라도 발가벗기지는 말기, 실내외 온도 차를 너무 심하게 두지 말기, 아무리 더워도 찬물에 목욕시키지 말기, 목욕 후 살이 겹치는 부분에 파우더 발라주기 등 음식 말고도 여름철 아기를 위해 지켜야 할 일은 많습니다. 이번 여름도 꽤 덥다고 하네요. 더운 여름을 아기들 각자의 체질에 맞는 건강한 음식으로 잘 보내는 것, 바로 우리 엄마들이 해야 할 몫입니다.

tip

오이는 몸을 차게 하는 성분이 있어서 너무 많이 섭취하면 오히려 마이너스가 된다고 합니다. 배를 차게 해서 역효과가 날 수 있거든요. 제철인 6~8월의 오이가 일년 중 제일 좋다네요. 오이를 이용해서 만드는 이유식의 육수로는 야채육수가 좋습니다. 음식을 만들고 남은 자투리 채소(호박, 당근, 무, 양파, 표고버섯 등)를 넣고 푹 끓여서 베 보자기에 거르면 야채육수가 된답니다. 하지만 오이는 야채육수의 재료로 별로 적합하지 않습니다.

秋

가을철 식품은 단백질, 비타민, 무기질 등등 영양이 풍성하다

가을은 밤낮의 기온차가 심하고 건조한 날씨가 이어지기 때문에 각종 호흡기질환이 많이 일어나는 시기이다. 또한 여름내 더위로 지친 심신을 그대로 방치하면 인체의 항상성 유지에 차질이 생기기 쉬워, 고른 영양 섭취를 통해 몸의 저항력을 높이는 것이 중요하다. 가장 대표적인 가을철 음식은 바로 버섯. 대사를 조절하는 비타민 등의 미량 영양소는 물론이고, 섬유질이 풍부해 아이들의 변비 예방에도 좋다. 가을의 대표적인 과일인 감은 비타민 A와 C가 많아 감기 예방에 매우 좋다. 이 외에도 가을은 동태, 낙지, 전어, 새우 등 해산물이 풍부한 시기이기도 하다. 가을이 제철이라는 새우는 몸을 따뜻하게 해주는 대표적인 음식. 단백질이 풍부하고, 8종의 필수 아미노산을 골고루 가지고 있어 체력을 보강하는데 아주 좋다. 또한 강장 효과가 뛰어나 다리와 허리가 차거나 나른함을 호소하는 아이들에게 먹이면 좋다. 가을은 햇땅콩, 햇밤 등의 견과류가 쏟아져 나오는 시기이기도 하다. 이러한 견과류에는 성장기 어린이들의 두뇌 발달에 좋은 필수지방산이 매우 풍부하다. 특히 밤은 지방보다 탄수화물의 함량이 더 높고, 5대 영양소를 고루 갖춘 완전식품. 또한 당분 외에도 비타민 B1과 비타민 C가 많고 소화흡수도 잘된다. 아이들에게 먹일 때에는 군밤보다는 삶은 밤이 더 소화가 잘된다. 그러나 새우, 견과류는 알레르기를 유발할 수 있는 위험이 있는 식품으로 이유식 완료기 이후로 사용하는 것이 좋다.

요게 바로 제철식품!
season food calendar

고구마 표고버섯 당근 무
느타리버섯 배추 연근
늙은호박
고등어 참치 꽁치 새우
대합 꽃게
포도 사과 배 밤 대추 감 …

새송이버섯미음 초기

재료와 분량 | 쌀 10g, 새송이버섯 10g, 사과 10g, 물 1컵

1 쌀은 물에 불려서 분량의 물과 새송이버섯을 넣고 분쇄기에 곱게 간다.
2 사과는 곱게 다진다.
3 ①을 냄비에 붓고 나무주걱으로 잘 저어가면서 끓인다.
4 ③이 끓으면 사과를 넣어서 끓이다가 쌀이 퍼지면 체에 한번 내려서 먹인다.

배밤미음 초기

재료와 분량 | 쌀 10g, 밤 1개, 배 5g, 분유물 1컵

1 밤은 껍데기를 벗겨서 찐 후 으깬다.
2 쌀은 물에 불려서 분량의 분유물을 붓고 배를 넣고 함께 곱게 간다.
3 ②를 냄비에 넣고 나무주걱으로 잘 저어가면서 끓인다.
4 ③이 끓으면 밤 으깬 것을 넣고 약한 불에서 쌀이 퍼지도록 끓인다.
5 체에 한 번 내려서 먹인다.

양송이단호박 멸치장국죽 중기

재료와 분량 I 쌀 20g, 양송이버섯 1개, 단호박 10g, 멸치맛국물 2컵, 참기름 약간

1 양송이는 껍질을 벗겨서 곱게 다진다.

2 단호박은 찐 후 으깨서 준비를 한다.

3 쌀은 물에 불려서 건져 물기를 뺀 후 반쯤 갈아서 준비를 한다.

4 냄비에 참기름을 두르고 양송이를 넣어서 볶다가 쌀을 넣어서 잘 볶는다.

5 ④에 멸치맛국물을 넣고 나무주걱으로 잘 저어가면서 끓인다.

6 끓으면 불을 줄여서 쌀이 퍼지도록 끓인다. 여기에 단호박 으깬 것을 넣고 고루 섞어서 먹인다.

단감아몬드죽 중기

재료와 분량 I 쌀 20g, 단감 20g, 아몬드가루 1/3작은술, 분유물 2컵

1 쌀은 물에 불려 물기를 뺀 후 반쯤 갈아서 준비를 한다.

2 단감은 껍질을 벗겨서 다지듯이 썬다.

3 냄비에 쌀을 넣고 분유물을 넣어서 나무주걱으로 잘 저어가면서 끓인다.

4 ③에 단감을 넣어서 끓인다.

5 ④의 쌀이 어느 정도 퍼지면 아몬드가루를 넣어서 잘 섞는다.

단감밤무른밥 후기

재료와 분량 I 밥 40g, 단감 20g, 밤 2개, 다시마육수 1/2컵, 참기름 약간, 호두가루 약간

1 단감은 껍질을 벗겨서 아기가 먹기 좋도록 작게 썬다.

2 밤은 껍질째 쪄서 속을 파내서 으깬다.

3 팬에 참기름을 두르고 단감을 넣어서 잘 볶는다.

4 ③에 밥을 넣어서 볶다가 다시마육수를 넣어서 자작하게 끓인다.

5 ④에 밤 으깬 것을 넣고 고루 섞어 준다. 진밥 정도로 될 때까지 더 끓인 후 호두가루를 뿌려서 먹인다.

버섯달걀찜 후기

재료와 분량 I 달걀노른자 1개, 표고버섯 1/2개, 감자 20g, 분유물 혹은 모유 1큰술

1 표고버섯은 다진다.

2 감자는 찜통에 찐 후 으깨서 체에 한번 내려서 준비를 한다.

3 볼에 달걀노른자를 넣고 분유물을 넣어서 잘 섞는다.

4 ③에 표고버섯 다진 것과 감자 으깬 것을 넣어서 고루 섞는다.

5 ④를 그릇에 담고 김이 오른 찜통에 넣어서 15분 정도 찐다.

국수장국 완료기

재료와 분량 I 소면 100g, 쇠고기 30g, 당근 1/4개, 오이 1/4개, 표고버섯 2개, 달걀 1개, 장국(간장 · 설탕 · 멸치 · 다시마 · 대파 · 마늘 약간씩, 물 4컵)

1 당근, 오이는 5cm 길이로 채썰어 소금에 살짝 절였다가 물기를 짜서 볶는다.

2 표고버섯은 채썰어 간장, 설탕을 넣어 볶아내고 쇠고기도 채썰어 볶아낸다.

3 달걀은 황백지단을 부쳐 5cm 길이로 채썬다.

4 멸치는 내장을 빼고 다시마, 파, 마늘과 함께 냄비에 넣는다. 물 4컵을 붓고 15분 정도 끓여 장국 국물을 만든다. 체에 거른 후 간장, 소금을 넣고 간한다.

5 소면은 삶아 준비한다.

6 잘 헹군 국수를 그릇에 담고 준비한 고명을 얹고 ④의 장국을 부어낸다.

새우튀김 완료기

재료와 분량 I 중하 3마리, 소금 약간, 튀김옷(밀가루 · 달걀물 · 빵가루 약간씩), 식용유(튀김용)

1 새우는 껍데기 꼬리에서 위로 한 마디만 남기고 껍데기를 벗긴다.

2 등쪽의 내장을 꼬치로 제거한 후 소금을 뿌려 밑간한다.

3 새우의 배 쪽에 3~4번 칼집을 넣어 오그라드는 것을 방지한다.

4 튀김옷을 입혀 170℃에서 튀겨낸다.

감기 예방을 위한 이유식 지침 노트

가을에서 겨울로 넘어가는 시기가 되면 아기들은 감기를 달고 사는 경우가 많습니다. 콧물은 쉴 새 없이 흐르고, 콜록콜록 기침을 하고, 온몸이 불덩이처럼 뜨거워져 열이 나는 감기몸살은 특히 가을과 겨울에 아기들에게 흔한 일입니다. 아무래도 어른들보다 면역력이 약해 주위 환경에 빨리 적응하지 못하기 때문일 겁니다. 이럴 때일수록 엄마들의 역할이 중요하답니다. 비타민이 풍부한 이유식을 만들어 먹이는 것은 감기 예방에 도움이 됩니다. 쌀쌀해지는 지금부터 비타민이 듬뿍 담긴 이유식을 만들어 먹여야 앞으로 다가올 겨울을 건강하게 날 수 있답니다.

한방에서는 비타민도 체질에 맞는 것으로 섭취하도록 강조하고 있습니다. 비타민 A가 풍부한 당근은 태음인에게 아주 좋은 야채입니다. 태음인이 기가 부족하면 만사에 힘이 없고 짜증이 나게 되거든요. 이럴 때 당근을 먹으면 도움이 됩니다. 일반적으로 부족한 비타민을 섭취하기 위해서 종합 비타민제를 복용하는 경우가 많은데, 자신의 체질을 정확히 알면 부족해지기 쉬운 비타민만 골라 먹어도 된답니다. 아기에게 모든 비타민이 부족한 것은 아니거든요. 부족해지기 쉬운 비타민이 체질별로 정해지는데, 그걸 잘 알아두는 게 중요합니다. 태음인의 아기들에게는 배와 무도 아주 좋은 식품입니다. 배즙을 만들어 먹이거나, 배를 끓여 배숙을 만들어 먹이면 감기 예방에 도움이 됩니다. 무도 소화를 도와주고 변이 잘 나오도록 해줍니다. 무를 곱게 갈아서 볶으면 매운맛도 날아가고 부드러워져 아기들에게 쉽게 먹일 수 있습니다. 다른 요리에 넣어 먹어도 좋고요.

소음인들에게는 비타민 B군이 필요합니다. 소음인들은 위장이 약해서 소화효소에 도움이 되는 식품이 필요하거든요. 쌀, 그 중에서도 발아현미 같은 식품은 비타민 B군이 풍부해서 소음인에게 아주 좋답니다. 귤을 많이 먹는 것도 아주 좋아요. 유기농 귤을 깨끗이 씻어서 껍질째 끓여 먹이는 귤차는 겨울철 감기 예방을 위해도 탁월한 효능을 발휘합니다. 귤껍질은 진피라 하는데 한약재로도 쓰인답니다. 버섯도 소음인이 먹으면 좋은 식품입니다. 하지만 태음인은 버섯에 알레르기를 보일 수 있으니 조심하세요. 시중에 나와 있는 비타민제 중에서 비타민 B 성분이 들어간 것을 찾아 먹이는 것도 좋습니다. 비타민이 부족하면 짜증이 나고 컨디션이 나빠져 심리적으로 불안해집니다. 부족하기 쉬운 비타민을 잘 챙겨 먹이는 것이 아기들의 심리적인 안정을 위해서도 매우 중요한 일이랍니다.

소양인에게 부족하기 쉬운 비타민은 비타민 E군. 노화를 방지해주는 비타민으로 잘 알려진 비타민 E는 특히 갱년기 여성들에게 반드시 필요합니다. 비타민 E가 풍부한 식품으로는 식물성 기름, 콩, 달걀, 땅콩, 호두 등을 들 수 있습니다. 태양인은 비타민 C가 풍부한 키위를 먹으면 좋습니다. 일반적으로 비타민은 과일과 야채에 풍부합니다. 따라서 과일과 야채를 충분히 섭취하는 것은 감기 예방에 매우 좋습니다. 하지만 무엇보다도 중요한 것은 자신의 체질을 알고, 자신의 몸이 필요로 하는 비타민을 찾아 먹는 것입니다. 자신에게 필요하지 않은 비타민이라면 아무리 먹어도 소용없거든요. 예를 들어 소음인 같은 경우 배를 너무 많이 먹으면 몸이 차져서 오히려 감기에 더 잘 걸릴 수 있답니다. 체질에 맞는 식품을 잘 골라 먹는 게 얼마나 중요한지 아시겠지요?

한의학에서는 부족증과 과다증이 같이 올 수는 없다고 합니다. 즉, 부족한 영양소를 많이 먹는다 하더라도 과다해지지는 않는다는 얘기입니다. 일반적으로 '나에게 부족한 영양소라도 너무 과하게 섭취하는 것은 오히려 몸에 좋지 않을까?' 하는 걱정들을 많이 하시거든요. 하지만 그런 걱정을 안 하셔도 됩니다. 우리 몸에서 부족하다고 하는 것은 자꾸 자꾸 채워줘야 합니다.

冬

겨울 채소는 단맛이 좋다

온도가 급격히 떨어지고, 음기가 많아지는 겨울에는 어른은 물론이고, 아이들에게도 손발이 저리거나 꿈이 많아져 숙면을 취하지 못하고 잘 놀라는 등의 증세가 나타나기도 한다. 또한 추위로 인해 몸에서 사용되는 열량이 많아져, 영양가 높고 따뜻한 성질의 음식을 많이 섭취하는 것이 좋다. 단백질과 지방 등의 영양이 풍부한 음식, 비타민 · 미네랄이 풍부한 곡식, 과일, 채소, 견과류, 육류, 고등어, 정어리, 우유, 견과류 등에는 불포화지방산이 풍부해 겨울철 음식으로 제격이다. 겨울에는 제철에 나는 과일이나 야채가 많지 않기 때문에 신선한 해초류나 해산물로 비타민과 미네랄, 단백질 등을 보충해주는 것이 좋다. 겨울철에 볼 수 있는 해산물로는 미역, 김, 굴이 가장 대표적이다. 특히 단백질과 미네랄이 풍부한 굴은 아이들의 성장에 매우 좋은 식품. 추운 겨울 눈밭을 뚫고 나오는 배추는 겨울철에 부족한 각종 비타민과 섬유소를 공급해주는 반가운 제철채소. 특히 기온이 낮은 겨울에 자란 배추는 병충해가 거의 없어 농약을 사용하지 않고 키워, 더욱 안심하고 먹을 수 있다. 겨울철에 부족한 비타민을 채우기 위해서는 겨울철 과일인 귤을 많이 먹어주는 것도 좋다.

요게 바로 제철식품!
season food calendar

무 배추 당근 우엉 달래
봄동 시금치
굴 게 홍합 다시마
파래 전복
감 귤 레몬

배추타락미음 초기

재료와 분량 | 쌀 10g, 배추 10g, 분유물 1컵

1 쌀은 물에 불려서 분유물을 넣고 잘게 썬 배추를 넣어 곱게 간다.
2 ①의 쌀물을 냄비에 붓고 나무주걱으로 고루 저어가면서 끓인다.
3 끓으면 불을 줄여 약한 불에서 쌀이 퍼지도록 끓인다.
4 체에 한 번 내려서 먹인다.

귤배추미음 초기

재료와 분량 | 쌀 10g, 귤 10g, 배추 5g, 물 1컵

1 귤은 속껍질까지 벗겨서 과육만 준비한 다음 곱게 간다.
2 쌀은 물에 불려서 분량의 물을 붓고 배추를 넣고 곱게 간다.
3 ②의 쌀물을 냄비에 붓고 나무주걱으로 잘 저어가면서 끓인다.
4 ③이 끓으면 불을 줄여서 쌀이 퍼지도록 끓인다. 여기에 귤 간 것을 넣어서 한소끔 끓인 후 체에 한 번 내려서 먹인다.

굴연두부찜 중기

재료와 분량 | 연두부 20g, 굴 20g, 달걀노른자 1개, 다시마육수 2큰술, 깨가루 약간

1 연두부는 끓는 물에 데쳐서 건져 으깬다.

2 굴도 끓는 물에 데쳐서 건져 곱게 다진다.

3 볼에 달걀노른자, 다시마육수를 넣고 고루 섞는다. 여기에 깨가루와 연두부, 굴을 넣어서 잘 섞는다.

4 ③을 그릇에 담고 김이 오른 찜통에 넣고 15~20분 정도 찐다.

도라지를 넣은 굴죽 중기

재료와 분량 | 쌀 20g, 도라지 10g, 굴 20g, 배 10g, 물 2컵

1 쌀은 물에 불려 커터를 이용해 반쯤 갈아 준비한다.

2 도라지와 배는 곱게 다진다.

3 굴은 소금물에 흔들어 씻어 깨끗하게 손질한 후 다진다.

4 냄비에 물을 붓고 여기에 쌀 간 것과 도라지를 넣어서 끓인다.

5 끓으면 굴과 배를 넣고 불을 줄여서 나무주걱으로 저어가면서 끓인다.

6 쌀알이 퍼지도록 끓여서 먹인다.

무호두무른밥 후기

재료와 분량 | 밥 40g, 무 10g, 호두 1개, 건포도 약간, 참기름 약간, 쇠고기육수 1/2컵

1 무는 곱게 다진다.

2 호두와 건포도는 다진다.

3 팬에 기름을 두르고 무와 호두, 건포도를 넣어서 잘 볶다가 육수를 붓고 끓인다.

4 ③에 밥을 넣고 자작하게 끓여서 진밥 상태로 만들어서 먹인다.

쇠고기배추진밥 후기

재료와 분량 | 밥 40g, 다진 쇠고기 10g, 배추 10g, 조갯살 10g, 물 1/2컵, 참기름 약간

1 배추는 다지고 조갯살은 소금물에 씻어서 불순물을 제거한 후 다진다.

2 팬에 기름을 두르고 쇠고기와 조갯살을 넣어서 잘 볶는다.

3 여기에 배추 다진 것을 넣고 물을 부어서 끓인다.

4 ③에 밥을 넣고 끓여서 밥알이 퍼지도록 끓인 후 먹인다.

배추흰살생선구이 완료기

재료와 분량 | 흰살 생선 40g, 단호박 20g, 배춧잎 10g, 우유 1큰술, 밀가루 2작은술, 올리브유 약간, 땅콩가루 1/3작은술

1 흰살 생선은 찜통에 찐 후 살만 발라서 으깬다.

2 단호박은 찐 후 으깨서 준비를 한다. 배춧잎은 끓는 물에 데쳐서 다진다.

3 볼에 단호박을 넣고 우유를 넣어서 잘 섞는다.

4 ③에 생선살과 배춧잎을 넣어서 고루 섞고 여기에 밀가루와 땅콩가루를 넣어서 잘 섞는다.

5 프라이팬에 기름을 두르고 ④의 반죽을 아기가 먹기 좋게 1작은술씩 떠 넣어서 노릇하게 구워 낸다.

배추닭고기 크림수프 완료기

재료와 분량 | 닭고기 40g, 배춧잎 20g, 양파 5g, 우유 1/2컵, 버터 1/3작은술, 밀가루 1/3작은술

1 닭고기는 사방 0.5cm 크기로 작게 썬다.

2 배추와 양파는 잘게 다지듯이 썬다.

3 냄비에 버터를 약간 넣어 녹인 후 양파를 넣어서 볶는다. 여기에 닭고기를 넣고 잘 볶는다.

4 ③에 밀가루를 뿌려 넣고 볶다가 우유를 붓고 저어가면서 덩어리가 생기지 않도록 끓인다.

5 ④에 배추를 넣고 숨이 죽도록 끓인다.

찾아보기

이유식 시기별(가나다순)

초기 이유식(5~6개월)

중기 이유식(7~9개월)

후기 이유식(10~12개월)

완료기 이유식(첫돌 이후)

자연 이유식

초판 1쇄 발행 2010년 5월 25일
초판 4쇄 발행 2012년 5월 10일

발행인 _ 박경준
발행처 _ 글로북스
주소 _ 서울특별시 마포구 서교동 444-15
대표전화 _ 02-332-4327
팩스번호 _ 02-3141-4347
등록번호 _ 제15-522호
등록일 _ 2001년 7월 2일

푸드스타일리스트 _ 배지현
콘텐츠 제공 _ 29콘텐츠 스튜디오

기획 _ GNB기획
디자인 _ 김영숙
필름출력 _ 노벰버프린팅
인쇄 _ 신화인쇄